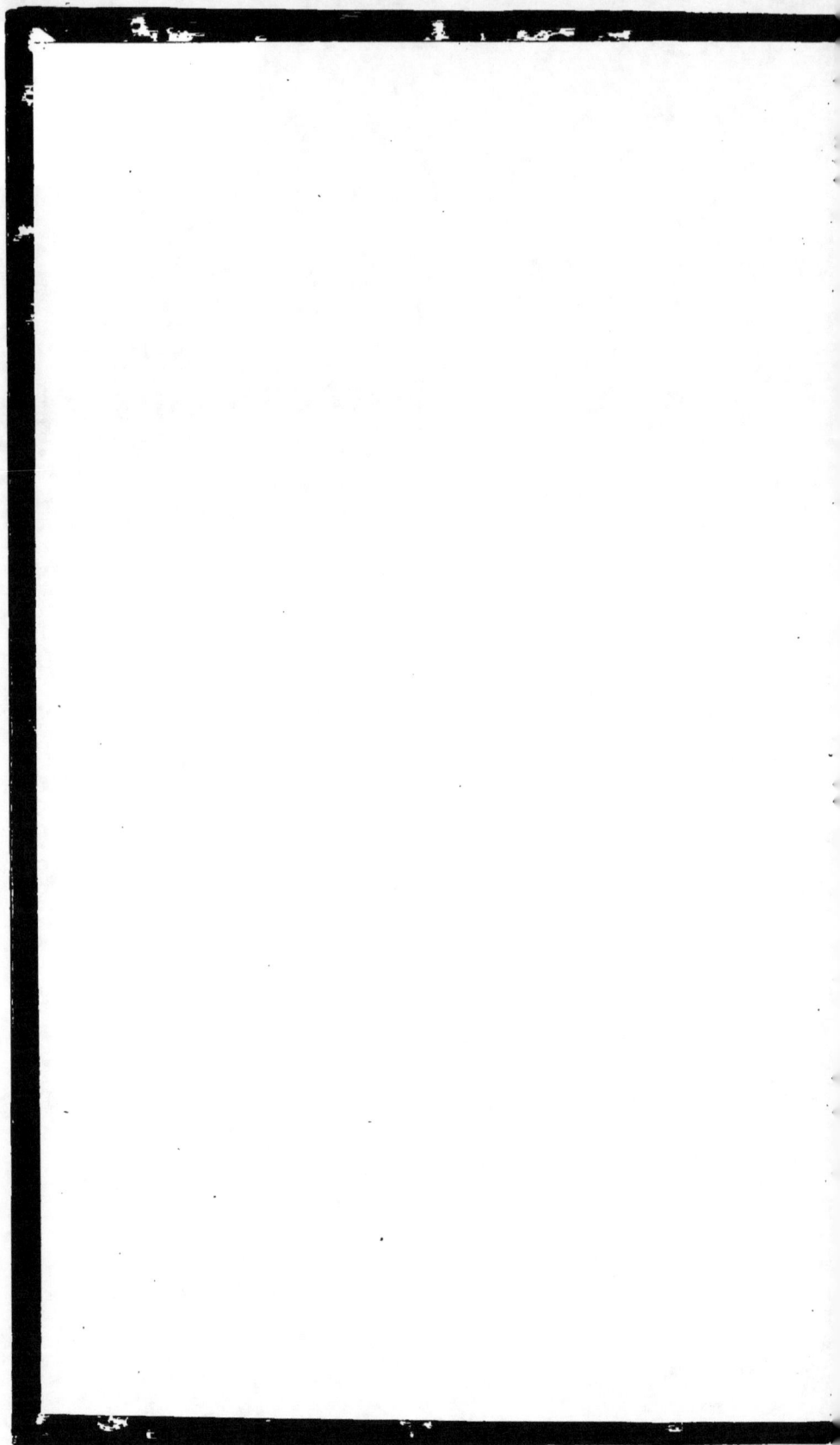

HISTOIRE

DE LA

CAPITULATION DE METZ

ENQUÊTE

SUR LA TRAHISON DE BAZAINE

ET DE COFFINIÈRES

TRENTE-NEUF PIÈCES HISTORIQUES, ANNOTÉES,

ENTRE AUTRES

CINQ RÉCITS DU SIÉGE ET DE LA CAPITULATION DE METZ.

FRANCE ET BELGIQUE

.CHEZ TOUS LES LIBRAIRES

—

1871

Bruxelles. — Imp. de J. H. BRIARD, rue des Minimes, 51.

HISTOIRE

DE LA

CAPITULATION DE METZ

—

ENQUÊTE

SUR LA TRAHISON DE BAZAINE

ET DE COFFINIÈRES

- - - - - - - - - - - - - - - - - - -

Télégrammes et ordres du jour du roi Guillaume et du prince Frédéric-Charles.

Quartier général, jeudi, 27 octobre.

Le roi Guillaume à la reine, à Hombourg.

Officiel. — « Ce matin l'armée de Bazaine et la forteresse de Metz ont capitulé. 150,000 prisonniers, y compris 20,000 blessés et malades, sont entre nos mains.

« Cette après-midi l'armée et la garnison déposeront les armes.

« C'est un des événements les plus importants de ce mois. Grâces soient rendues à la Providence !

« GUILLAUME. »

Berlin, vendredi, 28 octobre.— Versailles, vendredi, 28 octobre.

Officiel. — « Hier soir, la capitulation de Metz a été signée.

« Des salves d'artillerie en l'honneur de la capitulation ont été ordonnées à Berlin.

« La ville et les forts seront occupés le 29 octobre et non le 27.

« Le nombre des prisonniers s'élève à 173,000 soldats, 3 maréchaux et plus de 6,000 officiers. »

Le 28 octobre, le roi Guillaume adressait de Versailles l'ordre du jour suivant à l'armée :

« Soldats des armées alliées allemandes,

« Lorsque il y a trois mois nous entrâmes en campagne contre un ennemi qui nous avait provoqués à la guerre, je vous exprimai la confiance que Dieu protégerait la juste cause.

« Cette confiance n'a pas été trompé.

1

« Depuis le jour de Wissembourg, où vous avez rencontré pour la première fois l'armée ennemie, jusqu'à ce jour, où je reçois l'annonce de la capitulation de Metz, les noms de batailles et de combats nombreux ont été gravés en caractères ineffaçables dans les annales de l'histoire militaire.

« Je rappelle les journées de Wœrth et de Sarrebrouck, les batailles sanglantes autour de Metz, les combats de Sedan, Beaumont, Strasbourg, Paris et autres; chacun de ces combats a été pour nous une victoire. Nous pouvons nous rappeler cette époque avec la fière conscience que jamais guerre plus glorieuse n'a eu lieu.

« Vous êtes dignes de votre gloire; je vous le dis avec satisfaction. Vous avez fait preuve de toutes les vertus qui honorent particulièrement le soldat, le plus haut courage dans les combats, la persévérance, l'abnégation dans les maladies et les privations.

« Par la capitulation de Metz, la dernière des armées ennemies qui nous menaçaient au début de la guerre, vient d'être anéantie. Je saisis ce moment pour vous exprimer à vous tous et à chacun, général ou soldat, ma satisfaction et ma reconnaissance. Je désire vous honorer tous en nommant au grade de feld-maréchal général mon fils, le prince royal, et le général de cavalerie Frédéric-Charles de Prusse, qui récemment vous ont si souvent conduits à la victoire.

« Quoi que l'avenir nous réserve, je l'attends avec calme, car je sais qu'avec de pareilles troupes la victoire ne nous fera pas défaut et que nous accomplirons notre tâche aussi glorieusement que nous l'avons poursuivie jusqu'à présent.

« Quartier général de Versailles, 28 octobre 1870.

« GUILLAUME. »

De son côté, le prince Frédéric-Charles adressait, le 27 octobre, l'ordre du jour que voici à l'armée sous ses ordres :

« Corny, sous Metz, 27 octobre 1870.

« Soldats de la 1re et de la 2e armée,

« Vous avez livré des batailles, vous avez cerné l'ennemi, vaincu par vous dans Metz, durant 70 jours; jours bien longs, dont la plupart ont ajouté à l'honneur et à la gloire de vos régiments, mais dont aucun n'a laissé une tache. Vous n'avez pas laissé la moindre issue à un vaillant ennemi jusqu'à ce qu'il mît bas les armes. C'est fait.

« Aujourd'hui donc cette armée, qui compte encore 173,000 hommes, la meilleure armée de la France, forte de cinq corps, y compris la garde impériale, a capitulé avec trois maréchaux de France, plus de 50 généraux et plus de 6,000 officiers, et même Metz, l'imprenable !

« Avec ce boulevard, d'immenses approvisionnements en canons, armes et matériel de guerre, sont tombés aux mains du vainqueur.

« Ces lauriers sanglants, vous les avez cueillis par votre vaillance dans la bataille de Noisseville et dans les combats autour de Metz, plus nombreux que les localités d'alentour qui leur ont donné leur nom.

« Je reconnais volontiers et avec gratitude votre bravoure, mais pas seulement cette bravoure. J'estime presque plus haut votre discipline, votre persévérance, votre fermeté patiente, au milieu des privations et des souffrances. C'est ce qui caractérise le bon soldat.

« Le grand et mémorable succès de ce jour a été préparé par les batailles que nous avons livrées avant d'investir Metz, et — disons-le avec reconnaissance—par le Roi lui-même, par les corps qui l'ont suivi dans sa marche en avant, et par tous ces chers camarades qui ont trouvé la mort sur le champ de bataille ou qui ont succombé aux suites de leurs blessures. Voilà ce qui a rendu possible la grande œuvre que vous voyez aujourd'hui accomplie avec la grâce de Dieu : à savoir, la puissance de la France brisée à jamais.

« La portée de l'événement de ce jour est incalculable.

« Soldats, vous qui, à cette fin, avez été réunis sous mes ordres devant Metz, vous allez bientôt vous rendre à de nouvelles destinations. Je dis adieu aux généraux, officiers et soldats de la 1re et de la 2e armée et à la division Kummer, et je vous souhaite de nouveaux succès.

« Le général de cavalerie,
« FRÉDÉRIC-CHARLES. »

Réponse du général Coffinières au conseil municipal de Metz.

La réponse faite le 15, par le général Coffinières, commandant la place de Metz, au conseil municipal de cette ville, faisait pressentir, dès cette date, la probabilité d'une prochaine capitulation :

« Monsieur le maire,

« Le conseil municipal de Metz m'a honoré d'une lettre où il exprime des sentiments très-nobles et très-patriotiques. Je m'empresse de vous remercier de cette manifestation, qui ne m'a pas surpris, car je n'ai jamais douté de la coopération active de la population de Metz avec les troupes appelées à défendre notre forteresse. Vous pouvez compter de même que nous remplirons énergiquement notre devoir. Nous ferons sans hésitation tout ce qui sera humainement possible.

« Mais je vous prie de faire savoir aux habitants que, pour arriver à ce résultat désiré par tous, il faut avant tout la réflexion qui convient à des hommes fermement résolus, il faut rester unis et éviter tout ce qui aurait l'apparence d'indiscipline, de soulèvement ; il faut se garder, enfin, de toutes déclamations inutiles. Nous devons surtout éviter de *politiquer*, car la politique a une influence dissolvante qui ne pourrait que troubler l'harmonie dont nous avons un si grand besoin.

« Il existe en ce moment un gouvernement de fait en France, lequel a

— 4 —

pris le titre de gouvernement de la défense nationale. Il faut que nous reconnaissions ce gouvernement, et que nous attendions les résolutions que prendra le parlement constituant qui doit être élu par le pays. En attendant, nous devons nous unir dans ce cri poussé par vous-même : « Vive la France ! »

« Vous me dites que les habitants ont été douloureusement surpris d'apprendre que nos ressources en vivres sont très-restreintes. Il était pourtant facile de prévoir qu'il ne pouvait plus rester que de faibles ressources, alors qu'une place comme Metz a dû fournir pendant deux mois les subsistances nécessaires à une population civile et militaire de plus de 230,000 âmes. Du reste, je n'ai jamais fait un mystère de cette situation : la réduction des rations pour l'armée, les mesures restrictives prises pour la ville elle-même, celles qui ont été prises pour nous assurer des boulangeries, enfin les conversations que j'ai eues avec vous, monsieur le maire, et avec divers habitants de la ville, ont révélé d'une façon suffisante l'épuisement successif de nos approvisionnements en vivres.

« Il serait du reste oiseux de se laisser aller à des récriminations sur le passé et à des accusations contre telle ou telle personne. Envisageons plutôt avec courage la situation telle qu'elle est, et, comme vous le dites très-sensément, subissons-en énergiquement les conséquences, avec la ferme résolution d'en tirer le meilleur parti possible.

« Le général de division commandant la place de Metz.

« *Signé :* F. COFFINIÈRES. »

Dépêche du Daily News.

Le 26 octobre, le correspondant du *Daily News*, le plus rapidement informé de tous les journaux depuis le commencement de la guerre, envoyait la dépêche que voici :

« Esch, 26 octobre.

« Il y a cinq jours, le général Coffinières, commandant de la ville et de la forteresse de Metz, a informé le maréchal Bazaine qui commandait l'armée campée à l'extérieur, qu'il ne pouvait plus fournir de vivres et que le maréchal devait se tirer d'affaire par lui-même.

« Bazaine, en recevant cette nouvelle, donna ordre à ses avant-postes de cesser de tirer sur les piquets allemands, et il autorisa tacitement ses soldats à déserter par groupes de douze ou de vingt-quatre hommes, qui furent accueillis par les avant-postes allemands comme prisonniers. Les plus forts groupes furent repoussés.

« Dans l'après-midi du 24, on reçut de Metz, par l'intermédiaire d'un espion bourgeois, l'information sûre qu'une irruption en masse devait avoir lieu pendant la nuit sur Gravelotte. Comme la proposition de Bazaine, de capituler avec son armée seule, avait été péremptoirement repoussée à plusieurs reprises, le mouvement devait se faire sans espoir de sauver une partie quelconque des troupes organisées, mais seulement de fournir à de trop nombreux mangeurs l'occasion de franchir les lignes allemandes et de forcer l'ennemi à les faire prisonniers. Par ce moyen, la forteresse eût pu être mise en mesure de tenir un peu plus longtemps avec la petite garnison restante.

« A sept heures du soir, cependant, Bazaine réussit à convaincre Coffinières que l'effusion de sang serait un prix trop cher à payer pour une prolongation de résistance de quelques semaines.

« Un messager fut envoyé au prince Charles, pour lui faire connaître l'intention où était la forteresse de capituler. C'est la première proposition qui fut faite au nom de la forteresse en même temps que de l'armée extérieure. En conséquence, à minuit, les troupes allemandes qui s'étaient amassées silencieusement dans la direction de Gravelotte, reçurent l'ordre de se retirer dans leurs camps.

« Hier après-midi, à une heure, le général Changarnier, en qualité de plénipotentiaire, passa une heure avec le prince. Il sortit de l'entrevue très-troublé, et plus tard, pour s'excuser au sujet de quelques points oubliés, il dit : « Ce n'est pas étonnant, le prince était si sévère ! »

« En conséquence des arrangements qui avaient été pris à cette entrevue, le général Stickles et le colonel de Herzourg, chef d'état-major et quartier-maître général de l'armée du prince, se rendirent à cheval à Frescaty, château situé à trois milles au sud de Metz et dans les lignes allemandes. Les deux commandants français, ainsi que M. Humbert, commandant en second de la forteresse, y avaient été amenés dans une chaise de poste prussienne de campagne. La conférence dura de six à sept heures du soir et se termina par un arrangement partiel. Les points encore en litige doivent être discutés de nouveau aujourd'hui à midi.

« Il n'est pas douteux que le retard que subit la reddition de Metz, et qui résulte de ce défaut d'accord, ne sera que de courte durée, attendu que tout semble indiquer que la place est réduite à l'extrémité.

« Dans cette supposition, le second corps a reçu, hier à midi, l'ordre de marcher sur Paris, et il se trouvait déjà en route de bonne heure dans l'après-midi. D'un autre côté, d'autres troupes ont été concentrées la nuit dernière sur les points accessibles les plus voisins de Metz, afin d'empêcher toute désertion en masse des lignes de l'ennemi, une telle désertion semblant être le dernier moyen qui restât à Coffinières et à Bazaine de ménager les vivres et de prolonger la résistance.

« De Mars-la-Tour à Courcelles, et de Jouy à Maizières, toutes les troupes, dans les villages, étaient sur pied, et tous les feux de bivac allumés à deux heures du matin. En même temps, on voyait des masses mouvantes couvrant les routes et les champs, mais aucun désordre n'avait lieu. Les troupes ignoraient dans quel but elles marchaient. »

Protocole de la capitulation de Metz. — Appendice à la convention militaire. — Ordre général du maréchal Bazaine à l'armée du Rhin. — Proclamation du maire et des membres du conseil municipal de Metz.

PROTOCOLE DE LA CAPITULATION DE METZ.

Entre les soussignés, le chef d'état-major général de l'armée française sous Metz, et le chef de l'état-major de l'armée prussienne devant Metz, tous deux munis des pleins pouvoirs de Son Excellence le maréchal Bazaine, commandant en chef, et du général en chef Son Altesse Royale le prince Frédéric-Charles de Prusse,

La convention suivante a été conclue :

Art. 1er. L'armée française placée sous les ordres du maréchal Bazaine est prisonnière de guerre.

Art. 2. La forteresse et la ville de Metz, avec tous les forts, le matériel de guerre, les approvisionnements de toute espèce et tout ce qui est propriété de l'État, seront rendus à l'armée prussienne dans l'état où tout cela se trouve au moment de la signature de cette convention.

Samedi, 29 octobre, à midi, les forts de Saint-Quentin, Plappeville, Saint-Julien, Queuleu et Saint-Privat, ainsi que la porte Mazelle (route de Strasbourg), seront remis aux troupes prussiennes.

A dix heures du matin de ce même jour, des officiers d'artillerie et du génie, avec quelques sous-officiers, seront admis dans lesdits forts, pour occuper les magasins à poudre et pour éventer les mines.

Art. 3. Les armes ainsi que tout le matériel de l'armée, consistant en drapeaux, aigles, canons, mitrailleuses, chevaux, caisses de guerre, équipages de l'armée, munitions, etc., seront laissés à Metz et dans les forts à des commissions militaires instituées par M. le maréchal Bazaine, pour être remis immédiatement à des commissaires prussiens. Les troupes, sans armes, seront conduites, rangées d'après leurs régiments ou corps, et en ordre militaire, aux lieux qui sont indiqués pour chaque corps. Les officiers rentreront alors, librement, dans l'intérieur du camp retranché ou à Metz, sous la condition de s'engager sur l'honneur à ne pas quitter la place, sans l'ordre du commandant prussien.

Les troupes seront alors conduites par leurs sous-officiers aux emplacements de bivacs. Les soldats conserveront leurs sacs, leurs effets et les objets de campement (tentes, couvertures, marmites, etc.).

Art. 4. Tous les généraux et officiers, ainsi que les employés militaires ayant rang d'officiers, qui engageront leur parole d'honneur par écrit de ne pas porter les armes contre l'Allemagne, et de n'agir d'aucune autre manière contre ses intérêts jusqu'à la fin de la guerre actuelle, ne seront pas faits prisonniers de guerre ; les officiers et employés qui accepteront cette condition conserveront leurs armes et les objets qui leur appartiennent personnellement.

Pour reconnaître le courage dont ont fait preuve pendant la durée de la campagne les troupes de l'armée et de la garnison, il est en outre permis aux officiers qui opteront pour la captivité d'emporter avec eux leurs épées ou sabres, ainsi que tout ce qui leur appartient personnellement.

Art. 5. Les médecins militaires sans exception resteront en arrière pour prendre soin des blessés ; ils seront traités d'après la convention de Genève ; il en sera de même du personnel des hôpitaux.

Art. 6. Des questions de détail concernant principalement les intérêts de la ville sont traitées dans un appendice ci-annexé, qui aura la même valeur que le présent protocole.

Art. 7. Tout article qui pourra présenter des doutes sera toujours interprété en faveur de l'armée française.

Fait au château de Frescaty, 27 octobre 1870.

Signé : L. JARRAS. — STICHLE.

APPENDICE A LA CONVENTION MILITAIRE EN CE QUI CONCERNE LA VILLE ET LES HABITANTS.

Art. 1er. Les employés et les fonctionnaires civils attachés à l'armée ou à la place, qui se trouvent à Metz, pourront se retirer où ils voudront, en emportant avec eux tout ce qui leur appartient.

Art. 2. Personne, soit de la garde nationale, soit parmi les habitants de la ville ou réfugiés dans la ville, ne sera inquiété, à raison de ses opinions politiques ou religieuses, de la part qu'il aura prise à la défense ou des secours qu'il aura fournis à l'armée ou à la garnison.

Art. 3. Les malades et les blessés laissés dans la place recevront tous les soins que leur état comporte.

Art. 4. Les familles que les membres de la garnison laissent à Metz ne seront pas inquiétées, et pourront également se retirer librement avec tout ce qui leur appartient, comme les employés civils.

Les meubles et les effets que les membres de la garnison sont obligés de laisser à Metz ne seront ni pillés, ni confisqués, mais resteront leur propriété. Ils pourront les faire enlever dans un délai de six mois à partir du rétablissement de la paix ou de leur mise en liberté.

Art. 5. Le commandant de l'armée prussienne prend l'engagement d'empêcher que les habitants ne soient maltraités dans leurs personnes ou dans leurs biens.

On respectera également les biens de toute nature du département, des communes, des sociétés de commerce ou autres, des corporations civiles ou religieuses, des hospices et des établissements de charité. Il ne sera apporté aucun changement aux droits que les corporations ou sociétés, ainsi que les particuliers, ont à exercer les uns contre les autres, en vertu des lois françaises, au jour de la capitulation.

Art. 6. A cet effet, il est spécifié en particulier que toutes les administrations locales et les sociétés ou corporations mentionnées ci-dessus, conserveront les archives, livres et papiers, collections et documents quelconques qui sont en leur possession.

Les notaires, avoués et autres agents ministériels conserveront aussi leurs minutes ou dépôts.

Art. 7. Les archives, livres et papiers appartenant à l'État resteront, en général, dans la place, et au rétablissement de la paix, tous ceux de ces documents concernant les portions de territoire restituées à la France, feront aussi retour à la France.

Les comptes en cours de règlement nécessaires à la justification des comptables ou pouvant donner lieu à des litiges, à des revendications de la part de tiers, resteront entre les mains des fonctionnaires ou agents qui en ont actuellement la garde, par exception aux dispositions du paragraphe précédent.

Fait au château de Frescaty, le 27 octobre 1870.

Signé : JARRAS. — STICHLE.

ORDRE GÉNÉRAL Nº 12 A L'ARMÉE DU RHIN.

Vaincus par la famine, nous sommes contraints de subir les lois de la guerre en nous constituant prisonniers. A diverses époques de notre histoire militaire, de braves troupes, commandées par Masséna, Kléber, Gouvion Saint-Cyr, ont éprouvé le même sort, qui n'entache en rien l'honneur militaire, quand, comme vous, on a aussi glorieusement accompli son devoir jusqu'à l'extrême limite humaine.

Tout ce qu'il était loyalement possible de faire pour éviter cette fin a été tenté et n'a pu aboutir.

Quant à renouveler un suprême effort pour briser les lignes fortifiées de l'ennemi, malgré votre vaillance et le sacrifice de milliers d'existences, qui peuvent encore être utiles à la patrie, il eût été infructueux, par suite de l'armement et des forces écrasantes qui gardent et appuient ces lignes : un désastre en eût été la conséquence.

Soyons dignes dans l'adversité, respectons les conventions honorables qui ont été stipulées, si nous voulons être respectés comme nous le méritons. Evitons surtout, pour la réputation de cette armée, les actes d'indiscipline, comme la destruction d'armes et de matériel, puisque, d'après les usages militaires, place et armement devront faire retour à la France lorsque la paix sera signée.

En quittant le commandement, je tiens à exprimer aux généraux, officiers et soldats, toute ma reconnaissance pour leur loyal concours, leur brillante valeur dans les combats, leur résignation dans les privations, et c'est le cœur brisé que je me sépare de vous.

Le maréchal de France, commandant en chef,

BAZAINE.

La proclamation suivante était affichée à Metz :

Le maire et les membres du conseil municipal à leurs concitoyens.

Chers concitoyens,

Le véritable courage consiste à supporter un malheur sans les agitations qui ne peuvent que l'aggraver.

Celui dont nous sommes tous frappés aujourd'hui nous atteint sans qu'aucun de nous puisse se reprocher d'avoir un seul jour failli à son devoir.

Ne donnons pas le désolant spectacle de troubles intérieurs, et ne fournissons aucun prétexte à des violences ou à des malheurs nouveaux et plus complets encore.

La pensée que cette épreuve ne sera que passagère et que nous, Messins, n'avons assumé dans les faits accomplis aucune part de responsabilité devant le pays et devant l'histoire, doit être, en ce moment, notre consolation.

Nous confions la sécurité commune à la sagesse de la population.

F. MARÉCHAL, maire; BOULANGÉ, BASTIEN, NOBLOT, BEZANÇON, GOUGEON, BULTINGAIRE, MOISSON, SIMON FAVIER, MARLY, STUREL, GEISLER, PROST, WORMS, COLLIGNON, RÉMOND, PUYPEROUX, général DIDION, SALMON, BOUCHOTTE, GÉHIN, DE BOUTEILLER, BLONDIN, SCHNEIDER.

Circulaire du citoyen Gambetta aux préfets de la République. — Proclamation aux Français. — Proclamation à l'armée.

Le samedi 29 octobre, le citoyen Gambetta adressait aux préfets de la République une circulaire destinée à faire pressentir la capitulation de Metz par trahison. Cet acte monstrueux surprit l'opinion publique, prévenue en faveur de Bazaine par le mot de Jules Favre « notre glorieux Bazaine, » et aussi par la lettre du frère du maréchal publiée partout (1). Elle n'en accepta

(1) Voici cette lettre :

« Trouville, 8 octobre 1870.

« Mon cher ami,

« Vous me demandez ce qu'il faut penser de cette affirmation répétée par les journaux, à savoir : « Que le maréchal Bazaine déclare à qui veut l'entendre qu'il tient son commandement de l'empereur, de qui seul il peut recevoir des ordres, et qu'il ne reconnaît pas le gouvernement de la République. »

« Cette affirmation n'a d'autre source qu'une dépêche de Berlin, du 26 septembre, annoncée par le *Times* le 27, et d'après laquelle le maréchal aurait pris la peine, en causant avec un simple officier prussien, de lui faire les déclarations en question.

« Elles n'ont absolument rien de sérieux pour tous ceux qui sont édifiés (et tout le monde devrait l'être aujourd'hui) sur la véracité des dépêches d'origine prussienne et sur les dispositions du *Times* envers la France. Vers la même époque, une dépêche prussienne et le *Times* annonçaient

l'idée qu'avec une hésitation, une méfiance même dont beaucoup de journaux se firent les interprètes. Cependant, à cette date du 29, M. Gambetta avait vu plusieurs officiers venant de Metz, et leurs récits lui avaient permis de former le jugement qu'il accentua ensuite dans ses proclamations aux Français et à l'armée. La *Correspondance Havas* du 30 octobre, entre autres, en fait foi.

CIRCULAIRE AUX PRÉFETS DE LA RÉPUBLIQUE.

« Tours, samedi, 29 octobre.

« Il m'arrive de plusieurs côtés des nouvelles graves, mais sur l'origine desquelles, malgré mes actives recherches, je n'ai aucun renseignement officiel.

« Le bruit de la capitulation de Metz circule. Il est bon que vous ayez la pensée du gouvernement sur l'annonce d'un pareil désastre. Un tel événement ne pourrait être que le résultat d'un crime dont les auteurs devront être mis hors la loi. Je vous tiendrai au courant, mais restez convaincus, quoi qu'il arrive, que nous ne nous laisserons pas abattre par les plus effroyables infortunes, et que par ce temps de capitulations scélérates, s'il est une chose qui ne peut ni ne doit capituler, c'est la République française. »

PROCLAMATION AUX FRANÇAIS.

« Tours, 9 novembre,

« Français !

« Elevez vos âmes et vos résolutions à la hauteur des effroyables périls qui fondent sur la patrie ; il dépend encore de nous de lasser la mauvaise fortune et de montrer à l'univers ce qu'est un grand peuple qui ne veut pas périr, et dont le courage s'exalte au sein même des catastrophes.

« METZ A CAPITULÉ !!! Le général sur qui la France comptait, même après l'expédition du Mexique, vient d'enlever à la patrie en danger plus de cent mille de ses défenseurs.

« Bazaine a trahi, il s'est fait l'agent de l'homme de Sedan, le complice de l'envahisseur, et au mépris de l'honneur de l'armée, dont il avait la garde, il a livré, sans même essayer un suprême effort, 120 mille combattants, 20 mille blessés, ses fusils, ses canons, ses drapeaux, et la plus forte citadelle de la France, METZ VIERGE, jusqu'à lui, des souillures de l'étranger.

« Un tel crime est au-dessus même des châtiments de la justice ; et

---

aussi de *prétendues* offres de capitulation de la part du maréchal. Il y a quelque temps, Bismarck croyait pouvoir informer d'avance l'ambassade anglaise que le maréchal ne tiendrait pas plus de huit jours. Hier encore, des dépêches annonçaient la famine et la peste dans l'armée de Metz.

« Il n'est pas de fausse nouvelle qu'on n'invente sur cette armée et son chef.

« Croyez-moi, cher ami, celui que J. Favre, dans son admirable et émouvant rapport sur ses entrevues avec Bismarck, appelle « notre glorieux Bazaine, » ne se croit pas, ne se dit pas *maréchal d'empereur ;* il se dit *maréchal de France,* et, son frère vous le déclare, il ne l'oubliera jamais.

« Tout à vous,

« BAZAINE. »

maintenant, Français, mesurez la profondeur de l'abîme où vous a précipités l'empire. Vingt ans, la France a subi ce pouvoir corrupteur qui tarissait en elle toutes les sources de la grandeur et de la vie.

« L'armée de la France, dépouillée de son caractère national, devenue, sans le savoir, un instrument de règne et de servitude, est engloutie, malgré l'héroïsme des soldats, par la trahison des chefs, dans les désastres de la patrie ; en moins de deux mois, deux cent vingt mille hommes ont été livrés à l'ennemi ; sinistre épilogue du coup de main militaire de Décembre ! Il est temps de nous relever, et c'est sous l'égide de la République que nous sommes décidés à ne laisser capituler ni au dedans ni au dehors, de puiser dans l'extrémité de nos malheurs le rajeunissement de notre moralité, de notre virilité politique et sociale.

« Oui, quelle que soit l'étendue du désastre, il ne nous trouve ni consternés ni hésitants ; nous sommes prêts aux derniers sacrifices, et en face d'ennemis que tout favorise, nous jurons de ne jamais nous rendre ; tant qu'il restera un pouce du sol sacré sous nos semelles, nous tiendrons ferme le glorieux drapeau de la République française.

« Notre cause est celle de la justice et du droit.

« L'Europe le voit, l'Europe le sent ; devant tant de malheurs immérités, spontanément, sans avoir reçu de nous ni invitation, ni adhésion, elle s'est émue, elle s'agite.

« Pas d'illusions ; ne nous laissons ni alanguir ni énerver, et prouvons par des actes que nous voulons, que nous pouvons tenir de nous-mêmes l'honneur, l'indépendance, l'intégrité, tout ce qui fait la patrie libre et fière. VIVE LA FRANCE! VIVE LA RÉPUBLIQUE UNE, INDIVISIBLE!

« Les membres du gouvernement,

« Signé : CRÉMIEUX, GLAIS-BIZOIN, GAMBETTA. »

PROCLAMATION A L'ARMÉE APRÈS LA CAPITULATION DE METZ.

« Soldats !

« Vous avez été trahis, mais non déshonorés. Depuis trois mois, la fortune trompe votre héroïsme. Vous savez aujourd'hui à quels désastres l'ineptie et la trahison peuvent conduire les plus vaillantes armées.

« Débarrassés de chefs indignes de vous et de la France, êtes-vous prêts, sous la conduite de chefs qui méritent votre confiance, à laver dans le sang des envahisseurs l'outrage infligé au vieux nom français ?

« En avant ! vous ne lutterez plus pour l'intérêt ou les caprices d'un despote ; vous combattrez pour le salut même de la patrie, pour vos foyers incendiés, pour vos familles outragées, pour la France, notre mère à tous, livrée aux fureurs d'un implacable ennemi. Guerre sainte et nationale, mission sublime pour le succès de laquelle il faut, sans jamais regarder en arrière, nous sacrifier tous et tout entiers!

« D'indignes citoyens ont osé dire que l'armée avait été rendue solidaire de l'infamie de son chef. Honte à ces calomniateurs, qui fidèles au système des Bonaparte, cherchent à séparer l'armée du peuple, les soldats de la République !

« Non ! non ! j'ai flétri, comme je le devais, la trahison de Sedan et le crime de Metz, et je vous appelle à venger votre propre honneur qui est celui de la France !

« Vos frères d'armes de l'armée du Rhin ont déjà protesté contre ce lâche attentat, et retiré avec horreur leurs mains de cette capitulation maudite.

« A vous de relever le drapeau de la France, qui, dans l'espace de quatorze siècles, n'a jamais subi pareille flétrissure.

« Le dernier Bonaparte et ses séides pouvaient seuls amonceler sur nous tant de honte en si peu de jours ! Vous nous ramènerez la victoire ; mais sachez la mériter par la pratique des vertus républicaines, le respect de la discipline, l'austérité de la vie, le mépris de la mort. Ayez toujours présente l'image de la patrie en péril ; n'oubliez jamais que faiblir devant l'ennemi, à l'heure où nous sommes, c'est commettre un parricide et en mériter le châtiment.

« Mais le temps des défaillances est passé, c'est fini des trahisons! Les destinées du pays vous sont confiées, car vous êtes la jeunesse française, l'espoir armé de la patrie : vous vaincrez! et après avoir rendu à la France son rang dans le monde, vous resterez les citoyens d'une république paisible, libre et respectée.

« Vive la France !

« Vive la République !

« Le membre du gouvernement, ministre de l'intérieur et de la guerre,

« Léon Gambetta. »

Capitulation de Bazaine (1).

« Metz, 30 octobre.

« Mon télégramme en date d'Esch, le 26, a laissé la capitulation de Metz encore incomplète (2). La veille au soir, le chef de l'état-major allemand avait quitté Frescaty, très-découragé, osant à peine espérer une conclusion ; les Français semblaient obstinés et intraitables. Cependant je savais par des informations particulières que Metz ne pouvait plus tenir ; je vous prévins donc que la capitulation aurait lieu sous peu. A midi, Bazaine envoya une lettre autographe au prince, demandant une nouvelle conférence ; en conséquence les Allemands envoyèrent de nouveau à Frescaty le général Stichle, chef de l'état-major de la seconde armée, et le comte Wartensleben, chef de l'état-major de la première armée.

(1) Récit du *Daily News*, le premier et le plus remarquable qui ait paru.
(2) Voir p. 4.

« L'entrevue, qui eut lieu l'après-midi, dura trois heures. Elle fut d'abord assez orageuse de la part des commissaires français ; mais ils finirent par consentir aux termes principaux des conditions allemandes. La première difficulté s'est élevée sur le point de savoir si les officiers garderaient leurs épées, chose sur laquelle insistait le maréchal Bazaine. Cette condition fut soumise au roi, qui l'a concédée dans une dépêche reçue à 3 heures du matin, le 27. Par convention, la conférence fut reprise de bonne heure le même jour, et elle dura jusqu'à 8 heures du soir, heure à laquelle la capitulation fut signée, comprenant la reddition absolue de Metz, de toutes les fortifications, les armements, les provisions, munitions, et la reddition, aux mêmes conditions qu'à Sedan, de toute la garnison et de toute l'armée de Bazaine, se composant de 3 maréchaux de France, de 66 généraux, de 6,000 officiers et 173,000 soldats.

« Les Allemands sont étonnés de ce résultat — une armée et une forteresse se rendant à une armée assiégeante seulement un peu plus nombreuse. — Les commissaires français étaient le chef d'état-major du maréchal Bazaine, général Jarres, le colonel Fay, et le major Samuele, pour le commandant de la forteresse. Le 28, le major Sandkull, chef des ingénieurs du 2ᵉ corps, devait entrer, par stipulation, à 10 heures du matin, pour retirer les mines sous les forts, afin d'assurer l'entrée en toute sécurité du 9ᵉ corps, qui doit rester préposé à la garde de la ville et des prisonniers, tandis que le reste de la première armée se dirigera de suite vers Paris et le Midi, le prince Frédéric-Charles devant avoir son quartier-général à Lyon.

« A une heure, l'armée française devait déposer les armes. Tout cela a dû être différé de vingt-quatre heures, à cause de la lenteur des autorités françaises à faire cesser des désordres intérieurs.

« A 4 heures du soir, les compagnies françaises qui montaient encore la garde aux différents postes de la ville, aux dépôts et aux arsenaux, ont été remplacées par les Prussiens, deux régiments d'infanterie, un régiment de cavalerie ayant fait leur entrée dans la ville. Alors le gouverneur militaire allemand, le général von Zastrow, commandant du 7ᵉ corps, a pris possession du gouvernement de la ville et de la forteresse, où il me dit qu'il s'attendait à trouver le portrait d'un de ses ancêtres, jadis gouverneur militaire de Metz. La tragédie était terminée, mais il reste encore à en décrire le côté le plus douloureux.

« D'après la déclaration du général von Zastrow, qui occupait le bois de Vaux dans la matinée du 19 août, Bazaine eût pu éviter alors d'être enfermé dans Metz. Lorsqu'il était dans Metz, il eût pu, d'après des rapports venant de cette ville, faire une trouée et rejoindre Mac-Mahon, beaucoup plus facilement que Mac-Mahon n'eût pu le rejoindre, lui Bazaine. Après que l'armée eut mangé la plupart des chevaux de l'artillerie et de la cavalerie, ceci nécessairement était plus difficile. Mais on affirme, néanmoins, que dans ses mouvements il a manqué de résolution, et même que ses deux dernières sorties ont été frivoles (sic). Ces faits sont attribués à l'existence d'un « complot » avec la régence, d'après lequel son armée devait chercher à rester dans l'inaction jusqu'à la conclusion de la guerre dans la France occidentale, et puis être mise au service de la dynastie impériale, avec le consentement des Prussiens, Bazaine lui-même s'attendant, en ce cas, à être gouverneur du prince impérial et régent de fait. Presque tous les habitants de Metz croient ceci, et parmi eux plusieurs personnes influentes me l'ont avoué.

« Pendant toute la durée de l'investissement, Bazaine n'a été vu dans le camp que dans des occasions extraordinaires, jamais dans les ambulances construites en partie dans les nombreux wagons et voitures sur la Place Royale, et presque jamais dans la ville. Les autorités civiles devaient l'aller trouver à St-Martin. Il ne voulut pas paraître une seule fois à la mairie. C'est à peine s'il a jamais prononcé une parole pour encourager les troupes. Quelquefois Canrobert cherchait à leur donner un peu d'encouragement, exhortant à la patience, et alors les soldats criaient : « Vive Canrobert ! A bas Bazaine ! » Dans les derniers temps, de peur d'être assassiné, il n'a pas osé se montrer à ses hommes ; et le terrible relâchement de la discipline a certainement été cause dé cette capitulation hâtive, dans un moment où il restait encore une semaine de rations pour tout le monde. Dans la matinée du 29, les cadavres de cinq soldats morts de faim gisaient à Montigny, tandis que l'état-major faisait encore de luxueux repas, et le matin même, quatre jours de rations ont été distribués à l'armée entière, qui n'en avait pas reçu du tout pendant les deux jours précédents. Pendant huit jours on n'avait pu obtenir ni bœuf, ni porc à aucun prix ; mais le 29 au matin, lorsque rien n'était arrivé dans la ville, les magasins en avaient des quantités. Ceci est cité comme preuve, dans la ville, que des spéculateurs avaient accaparé les provisions, et que si l'on avait introduit d'abord un système raisonnable de rationnement, tel que celui qui existait depuis dix jours, et si on l'avait combiné avec d'urgentes réquisitions, il n'y eût pas eu de gaspillage, et la forteresse eût pu tenir encore un mois. L'état-major nourrissait ses chevaux au commencement avec du pain. Récemment les prix avaient atteint le taux suivant : — Sucre, 30 fr. la livre ; sel, 15 fr. ; un jambon, 300 fr. ; une pomme de terre, 45 cent. ; un oignon, 60 cent. ; un petit cochon pris près Gravelotte a été vendu 748 francs.

« Depuis cinq semaines, on faisait les amputations sans chloroforme ni éther, et on pansait les blessures sans acide carbonique. Il y a plus de 19,000 malades et blessés, et 35,000 personnes sont mortes dans la ville seule pendant le siége, la plupart par suite de manque de soins. Les épidémies régnantes sont la petite vérole, le typhus noir et la dyssenterie. Le scorbut ne règne pas, quoique les malades mêmes aient dû prendre leurs *steaks* et leur bouillon de cheval sans sel. La découverte supposée d'une source saline à St-Julien n'était qu'une supercherie pratiquée en mettant du sel dans la source, pour encourager l'armée.

« Quand la capitulation a été connue, la population est devenue

furieuse. La garde nationale a refusé de déposer les armes, et dans
l'après-midi du 29, un capitaine de dragons a paru à la tête d'un déta-
chement qui jurait de mourir plutôt que de se rendre, tandis qu'Albert
Collignon, éditeur d'un journal quotidien ultra-démocratique, le *Journal
de Metz*, monté sur un cheval blanc, tirait des coups de pistolet en
exhortant ceux qui l'entouraient à tenter une sortie pour chercher la
mort ou la victoire et se soustraire à la honte qui les menaçait. Il était
suivi d'une dame chantant la *Marseillaise*, ce qui produisit une terrible
surexcitation. Les portes de la cathédrale furent enfoncées, et le tocsin et
le glas funèbre sonnèrent toute la nuit. Quand le général Coffinières vint
pour apaiser la foule, trois coups de pistolet furent tirés sur lui. Enfin,
aidé de deux régiments de ligne, il dispersa tranquillement la foule. Mais
toute la nuit la terreur, l'indignation, la douleur se firent entendre. Des
femmes respectables couraient dans les rues s'arrachant les cheveux,
jetant leurs chapeaux, leurs dentelles à terre, piétinant dessus, et criant, à
demi folles : « Que vont devenir nos enfants? » Des soldats, les uns ivres,
les autres à jeun, passaient en groupes irréguliers, sans képis, leurs sabres
brisés, pleurant, sanglotant comme des enfants : « Pauvre Metz! gémis-
saient-ils ; jadis la plus fière des villes ! Quelle infortune! Quelle catastrophe inouïe ! Nous avons été vendus. Tout est perdu. Tout est fini pour
la France (1)! »

« Les fonctionnaires civils se demandaient à haute voix dans les rues :
— Qui sera notre maître? Qui nous gouvernera? Où irons-nous pour ne
pas voir la ruine qui accable notre nation?

« Hier je restai enfermé pendant deux heures avec le maire et le conseil
communal, qui me retinrent parce que j'étais le premier étranger qui fût
entré dans la ville. L'agitation, l'inquiétude, la terreur de ces pauvres
gens étaient réellement navrantes. — Que feront les Prussiens? me de-
mandèrent-ils. Comment faudra-t-il les recevoir? Ils demandèrent si l'on
s'attendait à ce que leurs gardes-manger vides pussent nourrir les troupes,
et s'ils devraient subir eux-mêmes de mauvais traitements, au cas où ils
seraient incapables de fournir les objets demandés.

« Ils furent immédiatement soulagés en apprenant que déjà mille
wagons apportaient des provisions de Courcelles, et qu'à Londres des
provisions attendaient, pour être appliquées à soulager leurs besoins, en
réponse aux appels des maires de Briey et d'autres communes, publiés
dans les journaux anglais et américains, il y a près d'un mois. L'armée entière assiégeant Metz a renoncé hier à ses rations de pain pour nourrir
les prisonniers français. Ce trait a vivement touché la population de Metz
et a beaucoup contribué à apaiser ses terreurs.

(1) Cette attitude violente de la population messine est contredite par l'officier supérieur de
l'armée française qui a publié dans l'*Indépendance belge* une série d'articles sous ce titre : *La
capitulation de Metz devant l'histoire*, depuis réunis en brochure (in-8°, Bruxelles, Rozez fils).
Il dit (p. 43 de la brochure) : « La partie raisonnable de la population avait la même attitude
triste et résignée que l'armée. »

« A midi, un inspecteur du chemin de fer prussien a fait, par chemin de fer, le voyage d'Ars à la station de l'Union, située à un mille au sud de Metz, et dès aujourd'hui la communication par chemin de fer existe entre Sarrebruck, Metz et Nancy. La route n'était pas fort endommagée.

« On a trouvé fort peu de prisonniers allemands dans Metz. Les Français ne les gardaient pas dès qu'ils trouvaient moyen de les rendre. En quittant Metz hier soir, j'ai remarqué sur les visages de tous les soldats allemands l'expression d'une tranquille satisfaction, rien de plus. Des officiers et soldats français qui fourmillaient littéralement dans la ville, il n'en est pas un, même lorsqu'ils étaient ivres — chose extrêmement rare — dont la figure ne portât l'expression de la plus profonde douleur ou d'un fier défi. Toutefois cette dernière expression était rare, on la voyait principalement chez les plus jeunes des officiers. On m'apprend que dans les différentes affaires, depuis le 18 août, les pertes des Français, ajoutées aux décès par suite de maladie dans la ville, atteignent le chiffre de 42,000 morts. Bazaine lui-même a refusé l'offre généreuse du prince de permettre à tous les soldats de déposer leurs armes à l'extérieur des fortifications, en présence de leurs vainqueurs, au lieu de les déposer dans les arsenaux. Il ne pouvait se porter garant en ce cas de leur conduite. La garde impériale seule avait conservé assez de discipline pour mériter d'être passée en revue avec ses armes. Jusqu'au dernier moment, les habitants espéraient que Bourbaki arriverait de Lille avec son armée, mais depuis quelques semaines, les soldats ne se faisaient plus d'illusion, ils obtenaient de meilleurs renseignements par les avant-postes allemands. De là leur démoralisation, due aussi en grande partie à la faim, et dont leurs officiers se sont plaints ouvertement avec amertume.

« Hier, à 4 heures de l'après-midi, Bazaine a traversé Ars, se rendant à Wilhelmshœhe dans une voiture fermée, marquée à son chiffre, et escortée par plusieurs officiers de son état-major, à cheval. Les femmes du village avaient appris son arrivée, et l'attendaient en criant : « Traître, lâche, brigand, voleur ! Où sont nos maris que tu as trahis ? Rends-nous nos enfants que tu as vendus ! » Elles ont attaqué la voiture, en ont brisé les vitres, et eussent mis Bazaine en pièces, sans l'intervention des gendarmes prussiens.

« Dans tout le pays, l'impression générale est que la France n'existe plus ; on croit que Paris résistera moins que Metz ; toutefois, les gens les plus réfléchis pensent que la guerre ne pourra finir qu'après la prise de Paris. »

Capitulation de Metz (1).

« Metz, 30 octobre.

« Metz a capitulé ; l'armée du Rhin est prisonnière ; 175,000 hommes ont passé hier sous les fourches caudines de la Prusse ; et le soir, avec un entrain qui était un surcroît d'injure dû aux instigateurs de cette capitulation désastreuse, l'armée prussienne a fait son entrée, musique en tête, les canons roulant et rebondissant au galop dans les rues, pendant que les fenêtres se fermaient brusquement, que les magasins éteignaient leur gaz, et que les femmes se revêtaient de deuil.

« Le matin, dès dix heures, on voyait les Allemands, de l'Esplanade, arriver, par la pluie, et détachant leurs sombres silhouettes dans la brume, successivement aux forts Saint-Quentin, Queuleu, Saint-Julien, Plappeville. Dans Metz, l'armée, sans armes, attendait par groupes sa destination ; par l'effet de l'épuisement *voulu* qui a atteint notre brave armée, les soldats allaient rôdant sous les fenêtres, le long des murs, faméliques et mendiants ; les fenêtres se transformaient en tables de riches, et toutes les mains jetaient du pain à ces Lazares.

« Quoi de plus douloureux que la vue de ces vaillants hommes, disant tout haut qu'ils ont été livrés, et pleurant à l'aspect de l'envahisseur d'une ville qu'ils n'ont pu, à 160,000, protéger, défendre ! L'insubordination était comme la conséquence rigoureuse de cette nécessité funeste, et dans leur mécontentement, dans leur patriotisme exalté, ils s'emportaient, discutaient, et pour la première fois méconnaissaient des chefs... impuissants à les conduire à de meilleures destinées !

« Les zouaves surtout rongeaient leur frein sans vergogne ; ils avaient, la veille, tous recueilli un morceau, une parcelle sacrée du drapeau !

« Quatre officiers — des plus jeunes, — ex-enfants de troupe, s'étaient présentés chez le colonel Giraud : — « Nous voulons sauver le drapeau !

— « Mes enfants, ordre du maréchal de le verser à l'arsenal.

— « Non, déchirons-le, et partageons-nous-en les débris ! »

« Ce matin, le colonel Giraud recevait un brevet de général de brigade. — Le général Giraud est le beau-frère de feu M. Troplong (2).

(1) C'est le récit du correspondant de *l'Indépendance*, publié dans le n° de ce journal du 4 novembre. Avec celui du *Daily News*, c'est le plus vivant qui ait paru.

(2) Dans son n° du 14 novembre, *l'Indépendance* publiait une lettre du général Giraud :

« Neuwied, 12 novembre.

« Monsieur le directeur,

« Dans un article intitulé : « Capitulation de Metz, » votre journal, en date du 4 novembre, contient, au sujet de faits qui me concernent, un récit inexact, suivi d'insinuations calomnieuses, contre lequel je proteste de toutes les forces de mon énergie.

« J'en appelle au régiment de zouaves tout entier, et particulièrement aux témoignages du général Jeanningros, du colonel de la Mariée, du docteur Lambert et du lieutenant Ceragiali.

« Je compte sur votre impartialité pour insérer cette lettre dans votre plus prochain numéro.

« Veuillez agréer, monsieur le directeur, l'assurance de mes sentiments très-distingués.

« Général GIRAUD,

« Ancien colonel des zouaves de la garde impériale. »

Lettre singulière, car le général Giraud n'indique pas, dans sa réclamation la partie du récit

2

« Dans tous les régiments, d'ailleurs, cet amour du drapeau avait inspiré des traits de même grandeur.

« Le colonel du 84e, croyons-nous, s'était présenté chez le généralissime Bazaine, qui lui refusa une première fois sa porte, mais qui dut cependant le recevoir.

« Le colonel *notifia* sa résolution de ne pas rendre son drapeau.

— « Il importe pourtant, répondit Bazaine, de le verser à l'arsenal. — Jamais ! moi et mon porte-drapeau, nous nous ferons tuer sous ses plis ! »

« L'artillerie de la garde porte le sien à l'arsenal, et exige qu'on le brûle séance tenante.

— « Tout à l'heure ! dit-on. — Tout de suite et devant nous. — Non ! un instant, tout à l'heure. — Alors, nous le remportons. »

« Et les soldats l'emportent, le déchirent, brisent la hampe, arrachent l'aigle, et jettent le tout dans la Moselle !

« Dans le camp des épaulettes, les reproches se croisent : le vieux général Viala reproche hautement à Le Bœuf d'avoir préparé ces désastres.

— « C'est vous qui nous avez amenés là ! — Mais les forts n'étaient pas armés, répond le maréchal. — Eh bien ! qui donc devait y pourvoir ? Vous nous avez perdus, humiliés ! »

« Ce disant, le vieux général tourna le dos au maréchal.

« C'est égal ; le lendemain, Le Bœuf allait lui serrer la main...

« Que voulez-vous ? disait M. Viala, il y revient toujours ; rien n'y fait ! »

« Il était temps, du reste ; grâce à l'incurie du général-gouverneur Coffinières de Nordeck qui, au lieu de pourvoir à la répartition mesurée et par rations des subsistances, dès le début du blocus, en a laissé l'usage jusqu'au gaspillage, la ville avait appris dix jours auparavant qu'elle n'avait plus de vivres. Et cette nouvelle avait été si brusquement donnée, que le conseil municipal, en délibération solennelle, avait adressé au général des observations qui, frappant tout autre, auraient motivé ou la démission du coupable si *vertement tancé*, ou la révocation du conseil incriminateur. En effet, celui-ci déclarait s'étonner que tout à coup, sans l'avoir pressenti d'aucun avis, on l'informât de cette extrémité ; il s'en prenait à *l'imprévoyance* du gouverneur, et déclarait sa volonté *expresse de ne pas en assumer la responsabilité.*

« Aussi, hier matin, les soldats en quête de n'importe quoi à se mettre sous la dent, s'étaient-ils précipités sur le marché couvert de la place de la Cathédrale, faisant main-basse sur les carottes, les navets, les fruits, les pommes de terre, les oignons, qu'ils mangeaient à pleines bouchées.

« Ce qui n'a pas empêché qu'hier, à peine les camps étaient-ils déser-

contre laquelle il proteste. Jusqu'à plus de précision, il convient donc de tenir ce récit pour vrai, de tout point.

tés par les prisonniers de guerre, on ne trouvât un véritable semis de biscuits sur le chemin du fort de Plappeville !

« L'histoire de cette capitulation qui place Bazaine et Coffinières bien au-dessous du général Dupont, encore que le premier ait osé, dans sa proclamation d'adieu, invoquer les glorieux souvenirs des Masséna, des Gouvion-Saint-Cyr, est bien facile à résumer.

« La Prusse, gênée par l'explosion du sentiment libéral qui renversa le trône impérial, avait besoin de traiter. Elle avait fait naître, d'accord évidemment avec l'hôte de Wilhelmshœhe, l'idée détestable ou saugrenue d'une restauration napoléonienne.

« Pendant trois semaines, Bazaine — qui n'était peut-être pas dupe — s'est laissé amuser par des négociations pour lesquelles, du reste, on n'avait pas choisi un Talleyrand, et c'est lorsque les bribes de farine qu'on nous dispensait parcimonieusement, ou plutôt *les bribes de son*, étaient épuisées, que les assiégeants décidèrent de reprendre les hostilités.

« Quand le général Boyer écrivit que l'Impératrice refusait, malgré « le bonheur qu'elle eût éprouvé de se dévouer pour la France, de remon- « ter sur le trône au prix de l'abandon d'une part de notre territoire ; « qu'encore qu'elle eût voulu contribuer à réparer des malheurs dont tant « de fatalité a concouru à rendre l'empire responsable, il lui était tout à « fait impossible de consacrer par un traité les empiétements et conquêtes « que la Prusse veut faire passer comme principe du droit de la guerre « dans la politique, » tout éclata ; c'est-à-dire que nous vîmes clair, et que Metz, avec l'armée, comprit qu'il avait été l'enjeu d'une partie machiavélique, et que le maréchal Bazaine avait fait de la politique au lieu de faire de la guerre.

« Tout de suite, c'est-à-dire le mercredi 26 octobre, le général Changarnier partit pour le château de Corny, où habitait le prince Frédéric-Charles, non loin d'Ars-sur-Moselle.

« C'était à sa réputation, à une haute position autrefois dans l'armée, que le vieux général devait une entrevue dans laquelle il était tout d'abord interdit de parler de paix.

« Le général quittait le prince à cinq heures, sur ces paroles : *Reddition sans conditions;* A MERCI !

« Le soir même, le général de division de Cissey se rendait, de sa personne, à Corny, pour tenter d'amener le vainqueur à des *rigueurs moins extrêmes;* d'autres généraux succédèrent en vain.

« Le prince fut très-sec, reprochant à notre armée d'avoir violé sa parole, notamment à MM. le général Ducrot et le colonel Stoffel, ex-attaché militaire à Berlin, tous deux condamnés à mort par contumace, ainsi qu'à l'un des fils du général Coffinières, qui à peine échappé de Sedan, avait levé des bandes contre l'armée prussienne, et pris une seconde fois, avait été fusillé.

« Le 28, le conseil municipal s'assemble en séance extraordinaire.

« En réponse à une délibération transmise la veille au maréchal Bazaine, pour *forcer ce muet* à parler de ses intrigues fortement incriminées par le pays messin, le conseil de Metz avait reçu une douloureuse communication, que le général Coffinières se réservait de faire connaître par amples détails — fort ambigus — à la population.

« L'armée assiégeante refusait tout traité ne comprenant pas, à la fois, l'armée et la place, et le général, en présence de l'épuisement des vivres *et sur l'ordre* du maréchal, avait dû subir la solidarité.

« Ainsi une ville protégée par des forts, hérissée de canons, les remparts intacts, sans la plus petite atteinte de projectiles, sans bombardement, sans assaut, sans tranchée ouverte, sans aucune parallèle, *ouvrait ses murs!*...

« La stupeur fut grande; la ville s'écroulait sous la honte et la désolation, elle qui n'avait pas pu être atteinte par les boulets ennemis.

« La nuit précédente, on avait frappé, à deux heures du matin, avec des façons suspectes, à la porte de France. Un cavalier drapé dans un manteau militaire avait franchi le pont-levis, suivi de quinze officiers; il avait traversé la ville, s'était rendu rue de la Princerie, et avait conféré longuement avec Coffinières : c'était Bazaine qui n'osait plus paraître et par conséquent se montrer de jour en ville.

« De l'entretien entre ces deux chargés d'affaires de l'honneur militaire était issue la proclamation que vous connaissez.

« Dix jours auparavant, devant nous, Coffinières avait *donné sa parole d'honneur qu'il ne rendrait jamais Metz* (à l'instigation, toutefois, du commandant du 2ᵉ régiment de ligne, M. Guévaud, qui lui avait comme soufflé la formule), *et que le premier qui parlerait de capitulation, il le ferait fusiller.* Un... Crillon se serait fait justice !

« Comment Coffinières, dont les Prussiens ont fusillé le fils, ne s'est-il pas attaché, avec le restant des siens, dans un fort pour se faire sauter ? Comment n'a-t-il pas cherché, en minant les quatre forts, à réparer ses torts et à sauver son honneur militaire dans cet ensevelissement glorieux ?

« Le généralissime prince prussien avait été, au reste, dans son entretien avec le général comte de Cissey, assez mordant : « Vous êtes, vous autres, tous des bavards, des vieilles femmes; vous ne disiez rien que je ne le connusse le soir même. »

« On assure que, dans un élan de chevaleresque solidarité militaire, il aurait exprimé la douleur de savoir que dans l'armée française tous les *généraux* ne fussent pas des *sans-reproche*, si tous des *sans-peur*. On va même jusqu'à prétendre qu'il en aurait nommé deux.

« Toute la journée, la ville a été un cimetière et un temple de vente de défroques : on pleurait, et l'on faisait argent de tout à la veille d'un exil en Prusse.

« Mais le sentiment français s'est produit avec véhémence dans certains camps. On voulait faire, en désespérés, une trouée.

« Le brave général Clinchant était à la tête de cette escapade héroïque, et demandait 20,000 hommes; le colonel Bréard avait promis d'amener son régiment, le 19e de ligne. Vers deux heures, Changarnier fit remarquer au général Clinchant qu'il entreprenait une mission doublement fatale dans son résultat : mort, massacre de presque toute la colonne, et constitution, quant au reste, de bandes d'affamés qui iraient rançonnant et pillant.

« Le général Clinchant renonça à son projet.

« La porte Mazelle, par laquelle l'armée des réfractaires du joug ennemi devait sortir, se trouva, par hasard, voir sa garde horriblement accrue, le soir même. '

« Cette journée était évidemment la dernière que dût vivre de sa vie propre la ville de Metz ; aussi Metz a-t-elle eu sa journée, sa journée d'indignation frémissante à l'approche de l'occupation étrangère ; elle s'est soulevée, on eût dit qu'elle voulût jeter — les canons ayant été rentrés à l'arsenal la veille — ses pavés à la face de l'ennemi ! Populaire et soldats s'unirent pour essayer la résistance, organiser la défense et protéger le sol sacré !

« A trois heures, la Nutte, bourdon de Metz, sonnait à toutes volées ; on avait, à coups de hache, forcé la porte du clocher ; les gardes nationaux accouraient sur la place de l'Hôtel de Ville, sans armes, les ayant versées la veille, et rencontrant les soldats de l'armée, qui se rendaient à l'arsenal pour y verser les leurs, ils leur prenaient — oh ! sans aucune difficulté, — leurs chassepots.

« Un capitaine des carabiniers de la garde les haranguait, du haut de son cheval ; un lieutenant d'infanterie les guidait, ouvrant son habit, et disant : « On me frappera le premier, là ; venez ! Moi, je joue ma tête, mais hors d'ici le Prussien ! »

« Dans un autre groupe, vêtu de noir, cravaté de blanc, couvert d'une sorte de lévite grise à capuchon et fixée par derrière à l'aide de pattes, comme nos militaires, bottes à l'écuyère, monté sur un grand cheval — vrai cheval de gendarme — un rédacteur d'un journal de la localité chantait la Marseillaise, et ponctuait sa dernière strophe d'une péroraison à la Lagrange, en déchargeant trois coups de revolver, dont les détonations firent fuir la foule un instant (1).

« On courut aux arsenaux, dont on rapporta les armes, on revint sur la place, et là quelqu'un, agitant un drapeau à devises républicaines, décréta, au nom du peuple, la République.

« La houle était haute et à mouvements précipités ; à la basse de la Nutte se joignait le son criard et alarmant de la cloche qui appelle d'ordinaire les citoyens pompiers à l'extinction des incendies, et bientôt on se précipita vers la rue de la Princerie. Le général Coffinières avait tout prévu (prévoyance dont il aurait dû faire preuve à l'endroit des subsistances) ; il était cerclé d'officiers et sa cour était bordée de protecteurs armés.

_____

(1) Le correspondant de l'Indépendance est ici complétement d'accord avec celui du Daily News, et en contradiction avec l'officier général auteur de la brochure : La Capitulation de Metz devant l'histoire.

« Des délégués furent par lui reçus, et l'un deux, M. Rollet, ancien huissier, l'apostropha avec une grande hauteur et des expressions très-vibrantes.

« Vous êtes deux qui livrez Metz, mais vous n'échapperez pas : quelqu'un qui vous tient *ne vous lâchera pas :* la postérité vous jugera. »

« Un officier supérieur s'étant cru autorisé à taxer ces paroles d'inconvenantes, reçut, pour son compte, un coup de boutoir à découdre les plus robustes.

« Les citoyens de Metz firent alors comprendre encore mieux, par leurs précautions, l'esprit de confiance qui les animait, en plaçant cinquante des leurs à la porte du général, pour l'empêcher de se sauver et de leur échapper.

« A six heures, un bataillon de voltigeurs de la garde occupa par rangs en bataille la rue de la Princerie, l'arme au pied.

« Rien de plus douloureux et de plus grand que le spectacle de ces braves *dévorant* l'injure, mâchonnant leurs moustaches, muets, calmes, impassibles sous les excitations, les colères, les caresses, les menaces, les prières de la foule qui les harcelait.

« Venez donc avec nous? oserez-vous tirer contre des citoyens qui ne se mutinent que parce qu'ils tiennent trop à être Français? Venez à nous, on ne vous fusillera pas, tandis que demain vous vous courberez sous le bâton prussien. »

« La rue de la Princerie, s'écria finalement quelqu'un, cette rue où l'on garde un homme qui nous a vendus, il faut l'appeler désormais *rue de la Prusserie !* »

« L'émeute dura jusqu'à onze heures du soir, où elle alla expirer contre la porte inébranlable cette fois de l'arsenal.

« Le lendemain 29, dès le matin, la statue du maréchal Fabert, dressée sur la place d'armes, était enveloppée dans un immense voile noir : c'est ainsi qu'il a reçu les Prussiens (1)!...

« A midi, un régiment d'infanterie prussien, le 19e, occupait l'intérieur de la porte Mazelle.

« L'état-major et le général Kummer, attendus à midi, n'entrèrent que le soir, et allèrent prendre possession de l'hôtel de la division militaire.

« Le soir également l'armée pénétra dans la ville, musiques en tête, par toutes les portes à la fois, infanterie, cavalerie, artillerie, génie, fourgons, équipages de suite, convoyeurs, et jusqu'à des calèches amenant des femmes. Toutes les fenêtres et les portes des magasins se fermèrent instantanément; les femmes, pour la plupart, avaient eu le sentiment délicat de se vêtir de deuil; quelques voyous seuls suivaient les musiques militaires

---

(1) Fabert a sa statue sur la principale place d'armes de Metz. On lit sur le socle :
Si, pour empêcher qu'une place que le Roi m'a confiée
Ne tombât au pouvoir des ennemis,
Il fallait mettre à une brèche
Ma personne, ma famille et tout mon bien,
Je ne balancerais pas un moment à le faire.

et causaient avec les soldats qui marquaient le pas et frappaient à cadences sourdes le pavé tout mouillé de pluie de la pauvre ville, jadis si fière d'être *pucelle!*

« Toute la soirée, sur les places, leurs musiques ont joué les airs les plus vifs : la nuit, jusqu'à trois heures, les soldats allèrent frapper aux portes, réveillant l'habitant, *pour loger.*

« On assure qu'un colonel français, poussant jusqu'au désespoir le ressentiment de se rendre, s'est poignardé dans la maison d'un fleuriste de la rue Fabert.

« La reddition s'est effectuée de la façon la plus douloureuse.

« Le prince Frédéric-Charles, devant qui défila la garde, était placé entre Magny et Montigny, mais à trois cents mètres de nos hommes, qu'il semblait, par convenance, ne vouloir pas regarder.

« Les soldats se jetaient en pleurant dans les bras de leurs officiers qui *tremblaient*, secoués eux-mêmes par les plus poignantes émotions. Nombre de régiments, notamment le 62e, ont crié : « Vive la France! » L'ennemi a salué.

« Les généraux n'avaient pas jugé à propos de présenter leurs divisions ou corps d'armée ; ils ne les auront pas plus conduits là qu'à la victoire.

« Dès aujourd'hui, Metz regorge de biens : les marchands prussiens, leurs longs chariots recouverts de toile grise arrêtés, vendent et débitent... ce qu'ils nous ont pris. L'animation rentre par le deuil. Des hôteliers qui n'avaient plus même donné de sel à leurs locataires, en ont trouvé, comme par miracle, *des tonnes.*

« Les casernes ont été, dès l'arrivée, évacuées pour les Prussiens qui trouvent meilleur de mettre nos hommes sous des tentes, que de s'y abriter eux-mêmes contre pluies et vents.

« M. Paul Odent a cessé ses fonctions de préfet ; il est remplacé par le comte von Henckel von Donnersmark.

« Les Prussiens étaient si sûrs du succès que, dès le matin, on voyait, au-dessus de la direction des postes, un écriteau peint sur lequel était écrit en allemand : « Bureau de poste ; » une énorme couronne royale-impériale surmonte ce tableau.

« Le maréchal Bazaine est parti furtivement la nuit.

« Il avait reçu, en réponse à une nomination de chevalier de la Légion d'honneur, accordée à M. Emilien Bouchotte, riche minotier, qui a rendu de réels services à l'armée et à la ville, les lignes suivantes :

« Je ne veux pas recevoir une décoration dont le brevet est signé de la même encre que la capitulation de l'armée et de celle de ma ville natale. »

« Au moment de partir, le maréchal qui traversait la pièce d'attente remplie de ses officiers généraux, remarqua qu'un de ses neveux, son officier d'ordonnance, ne se disposait point à le suivre.

— « Tu ne viens pas? aurait dit le signataire de la capitulation.

— « Non, maréchal, aurait répondu son neveu ; je reste et j'espère ne pas tarder à ne plus porter le nom de Bazaine. »

« Toutes les intrigues qui précédèrent cette journée, à jamais ténébreuse pour notre histoire, et qui pèsera si lourdement sur nos destinées, avaient été, d'ailleurs, révélées dans certaines communications faites verbalement aux officiers par les généraux de brigade, qui avaient reçu la triste mission de tâter, de préparer l'armée.

« Un jour, dans chaque brigade, il y eut réunion des corps d'officiers, et voici à peu près en quels termes les généraux mirent l'armée au courant des *négociations* ourdies par un maréchal qui n'avait pas cru mieux utiliser 150,000 hommes vaillants qu'en les séquestrant sous les murs d'une ville en état de se défendre seule.

« Le maréchal autorisait les généraux de division à porter à la connaissance de l'armée les faits — importants — qui s'étaient accomplis depuis trois semaines.

« Les approvisionnements ayant, par une gradation des plus rapides, décru à Metz, au point que l'armée et la ville allaient être affamées, le généralissime avait jugé *utile*, *nécessaire*, d'ouvrir des pourparlers avec les Prussiens.

« Il avait choisi pour fondé de pouvoir et ambassadeur extraordinaire le général Boyer, son aide-de-camp, récemment encore *vieux* colonel d'état-major ; celui-ci s'était rendu à Versailles, au quartier royal général du souverain de la Prusse.

« Un empressement extrême de la part de l'ennemi avait signalé ce voyage, et il avait été facile d'en tirer une conséquence toute dans l'intérêt des Français, puisqu'il établissait surabondamment le besoin partagé par les Prussiens d'arriver à des arrangements pacifiques et à la fin des hostilités. Pour faciliter, par exemple, au général Boyer l'accomplissement de sa mission, le gouvernement prussien, maître en France, avait été jusqu'à supprimer, interrompre au moins les trains réguliers du chemin de fer, en vue d'accélérer le voyage de l'envoyé du maréchal jusqu'à Château-Thierry. Le long du parcours de Metz à cette ville, on avait, il est vrai, avec quelque complaisance, étalé le fantasmagorique tableau des forces prussiennes, échelonnées par groupes et avec art sur tous les points, et grossies peut-être à la façon dont étaient représentés aux yeux de l'impératrice Catherine les villages de *carton* et les *hommes de pâte* qui peuplaient les steppes russes.

« A partir de Château-Thierry, une voiture aux armes et à la livrée de Sa Majesté Guillaume, et qui attendait l'important personnage porteur de la paix ou de la guerre, l'avait transporté à Versailles avec une rapidité vertigineuse, qui impliquait encore un certain désir de rapprocher l'heure des apaisements.

« A Versailles, *au débotté*, Boyer est mis en rapport avec M. de Bismark qui fait à notre envoyé un tableau effroyable de la situation.

« Paris est livré à l'anarchie, et se dispute, les armes à la main, un pouvoir que Rochefort veut usurper et que Trochu défend mal ; la France n'est pas plus prospère : certaines villes, livrées aux désordres du socialisme, sont venues implorer des garnisaires prussiens ; les élections n'ont pu avoir lieu, les émissaires-préfets du soi-disant gouvernement provisoire ayant rapporté à celui-ci que les populations sont loin d'être dans les vues nouvelles, que ce sera un échec pour la république, et que même on n'ira pas voter. Jamais panorama plus sombre ne fut déroulé.

« Le général Boyer est sans doute une âme limpide et accessible aux reflets : toujours est-il qu'il traduisit par le menu et avec une fidélité des plus candides la version qu'on lui donnait.

« Pendant qu'on *glaçait* ainsi notre envoyé, le Roi était informé de sa venue, et à peine le premier *froid* avait-il été jeté par le ministre prussien, que le général Boyer était reçu en audience royale.

« Que dis-je, en audience? La salle où il fut reçu était pleine ; il y avait là grand conseil de guerre ! Le Roi présidait ce conseil, ayant le prince royal à sa droite : tout autour, les connétables de l'empire germanique, le général de Moltke en tête.

« — Parlez, général.

« Timidement, celui-ci, interrogé, expose que l'armée est bien malade...

« M. de Moltke coupe court à la discussion, et prend la parole pour décider, avec une netteté d'acier, à la prussienne, que l'affaire est militaire et qu'on ne peut guère lanterner : l'armée de Metz procurera à la Prusse une seconde édition de Sedan ; elle se rendra purement et simplement prisonnière de guerre.

« M. de Bismarck a vu tout de suite que Boyer n'a pas la capitulation gaie, et que l'intervention de de Moltke n'est pas précisément de ces sucreries qui prennent les mouches ; il intervient. Lui, au contraire, estime que l'affaire est politique.

« Il serait disposé à accepter qu'une convention permît à l'armée de Metz de se retirer là où bon lui semblera, *mais en France*, à la condition *de protéger* l'indépendance et le calme des votes et des délibérations du suffrage universel.

« Là-dessus, on reparle de la France paralytique, de Paris qui n'a pas d'oreilles, étant trop affamé, de la défense nationale courant la prétentaine — en ballon, — du drapeau rouge, du besoin de sauver la tranquillité publique...

« Or, comme nul gouvernement n'est plus apte à calmer cette anarchie que celui qui l'a suscitée, on recourra au gouvernement de fait, l'empire, représenté par la régence de l'Impératrice, sous la sauvegarde, la... tutelle d'un maréchal... suffisamment indiqué.

« Que si, par impossible — un Bonaparte devant plus tenir au trône qu'à l'honneur — l'Impératrice refuse, l'on recourra au suffrage universel, et comment le suffrage universel fonctionnerait-il mieux qu'à l'ombre des baïonnettes? Tel est le rôle de l'armée du Rhin. On contera l'affaire — en douceur — au soldat; on lui fera comprendre qu'il se couvrira de gloire en tirant, au besoin, sur ses concitoyens.

« C'est en endormant ainsi Bazaine que la Prusse nous fit manger notre dernier cheval. »

———

Une lettre datée de Peltre, devant Metz, 20 octobre, écrite par un officier de l'armée allemande et publiée dans la *Gazette de Francfort,* prouve qu'à cette date, huit jours seulement avant la capitulation, même dans l'armée d'investissement, on était loin de considérer comme imminente la reddition de la place :

« Depuis deux jours, le tonnerre quotidien de la forteresse a cessé de gronder, ce qui donne lieu naturellement à toutes sortes de suppositions. On prétend que Bazaine voudrait se rendre, et qu'il aurait envoyé au quartier général un de ses aides-de-camp. Je ne croirai pas à la capitulation de Metz avant de voir le drapeau blanc flotter sur la forteresse. Tout ce qu'on raconte de la famine, du typhus, de la dyssenterie qui séviraient dans la place, est fort exagéré. Si toutes ces histoires étaient vraies, il nous arriverait beaucoup plus de déserteurs, et jusqu'à présent nous n'en voyons venir que très-peu. Nous ne voyons guère que des paysans qui se sauvent des villages voisins, où ces malheureux ne sont pas à leur aise ; ils se présentent souvent à nos avant-postes, mais nous, nous ne pouvons pas les laisser passer. Par le mauvais temps qu'il fait, et la façon de vivre essentiellement malsaine à laquelle nous sommes astreints, la dyssenterie et le typhus sont des maux accablants. »

———

1er novembre 1870.

Les journaux allemands se réjouissent de la capitulation de Metz, non-seulement à cause de l'importance militaire de l'événement, mais encore et surtout parce que les troupes allemandes ne sont plus condamnées, pour investir la place, à un régime qui devenait de jour en jour plus pénible. Deux feuilles de Berlin, la *Gazette du Peuple* et la *Gazette de la Bourse,* disent à ce propos que depuis quelque temps il leur arrivait des environs de Metz des nouvelles de plus en plus inquiétantes sur l'état sanitaire de l'armée d'investissement, et qu'elles ont été obligées d'en supprimer les trois quarts pour ne pas décourager l'esprit public, se bornant à en extraire ce qu'il fallait pour stimuler le zèle des autorités et la générosité des particuliers en faveur des soldats.

———

L'Indépendant de la Moselle. — Questions d'un officier au maréchal Bazaine. — Communication officielle faite aux officiers par leurs chefs, le 19 octobre.

Cinq journaux se publiaient à Metz pendant le siége (1). Au moment où s'ac-

(1) Les exemplaires de ces feuilles se vendent présentement à des prix fabuleux. Un numéro de *l'Impartial* s'est vendu 40 francs. Une demi-feuille encadrée de noir et contenant le texte de la capitulation, a atteint le prix de 25 francs.

complit la capitulation (29 octobre), l'*Indépendant de la Moselle* parut enca-
dré de noir ; ce numéro contenait le *Protocole de la Capitulation*, l'*Appendice à la convention militaire* et l'*Ordre général de Bazaine* (voir p. 6-8),
avec les réflexions que voici :

« En présence de la situation que nous subissons, nous devons rester
calmes et dignes. Cette fin lamentable, que personne ne voulait prévoir,
est arrivée à son heure, comme la balle lancée par un joueur habile
touche au but à l'instant calculé d'avance.

« Oui, à défaut de patriotisme, vous avez eu de l'habileté ; vous avez
bien calculé les délais, bien mesuré les distances, vous avez habilement
ourdi le piége dans lequel nous devions tomber.

« Vous nous avez bercés de belles paroles, leurrés de bonnes promesses.
Ils sont naïfs, ces gens de province! Bien joué, maître Machiavel, vous
vous êtes conduit en digne disciple de ce grand homme. Vous vouliez
régner, et, pour ce faire, il faut dissimuler. Le lion messin montrait la
griffe ; vous avez usé de douceur ; vous lui avez limé les ongles et les
dents. Et ajoutant l'ironie à la trahison, vous insultez ceux que vous avez
vendus. Les mots : honneur, patrie, courage, sont une insulte dans votre
bouche ; vous avez le cœur placé trop bas pour comprendre ces sentiments.
Mais vous avez oublié une chose : le pain de la trahison est amer, et l'or
infâme des Judas glisse dans les mains. Ceux dont vous avez servi les
desseins ne vous en estiment que moins.

« Nous vous demanderons au moins de quelles promesses on a payé la
honte de la France. »

Voici, d'après l'*Indépendant de la Moselle*, ce qu'écrivait pour Bazaine, à
la date du 12 octobre, un officier qui prévoyait les événements :

« Si j'étais à même de vous interroger, voici, pour ma part, les questions que je vous adresserais :

« Pourquoi, le 26 août, après avoir, par une seule route, massé toute
votre armée en avant de Saint-Julien, n'avez-vous pas livré bataille, pré-
textant du mauvais temps ? Est-ce que la pluie n'était pas pour les Prussiens comme pour nous ? Vous saviez évidemment, vous ne pouviez
l'ignorer, que l'armée de Mac-Mahon approchait par le nord, et je crois
qu'alors vous auriez réussi à lui donner la main ; l'ennemi n'avait pas
encore ces terribles batteries de position, qui ont commencé à nous enser-
rer quelques jours après

« Pourquoi, le 31 août, n'avez-vous pas poursuivi, même pendant la
nuit, les avantages que l'armée avait obtenus, et n'avez-vous pas gardé
les positions qu'elle avait conquises au prix de son sang ?

« Pourquoi, depuis, n'avez-vous pas réuni sur un point donné toute
votre artillerie, toutes vos forces, pour faire une trouée ? Si vous aviez fait
comme le taureau qui, acculé, s'élance en baissant les cornes, vous auriez
passé.

« Pourquoi, après avoir pris les Maxes, ne les avez-vous pas occupées jusqu'à ce que les immenses approvisionnements qui s'y trouvaient aient été amenés à Metz ? Au lieu de cela, vous vous êtes retiré, après avoir emporté pour les états-majors quelques sacs de grains, quelques bottes de paille. Les Prussiens alors sont revenus pendant la nuit, et ont allumé cet immense incendie que nous avons tous vu. Pas une maison n'a été épargnée.

« Et maintenant, c'est brusquement, du jour au lendemain, que l'on nous prévient qu'il ne reste plus rien, rien du tout, pour l'alimentation des chevaux. Est-ce incurie ? est-ce imprévoyance ? est-ce autre chose ? Après les chevaux viendront les hommes. Et vous attendez toujours.

« Qu'a été faire le général Bourbaki ? où est-il allé ? qu'est-il devenu ?

« Je n'ai pas fini. Autres questions :

« Pourquoi, le 7 octobre, avez-vous livré un grand combat dans la plaine de Thionville ? Que vouliez-vous faire ? Vous ravitailler, dit-on. Or, vous avez, comme toujours, engagé la lutte avec une très-grande infériorité numérique de troupes, vous avez opposé peu de canons aux innombrables batteries de l'ennemi. Cependant, en massant votre artillerie sur le point attaqué, en faisant comme les Prussiens qui ont dû vous l'apprendre, vous auriez infailliblement fait taire les canons ennemis ; au lieu d'engager des régiments, il fallait engager un corps d'armée, deux au besoin. Malgré cela, les soldats ont réussi par leur bravoure à s'emparer des Grandes Tappes, où se trouvaient des greniers bien approvisionnés. Mais le succès, vous ne le vouliez pas ; on serait, du moins, tenté de le croire, puisqu'après l'avoir obtenu, au prix du sang d'un millier de vos soldats, la retraite a été ordonnée. J'ai vu la chose, et je la déclare infâme.

« Que signifient ces conseils de guerre que vous tenez avec les chefs de corps d'armée et les généraux ? On dit que, dans l'un d'eux, on a discuté la capitulation. Est-ce vrai ? on est tenté de le croire, puisque, aujourd'hui même, quelqu'un qui vous touche de près a répondu à l'affirmation d'un officier de la garde mobile qui disait au café Parisien qu'elle avait été votée à l'unanimité : « Vous vous trompez, monsieur ; un tiers seulement l'a votée. »

« Enfin, voici la question la plus sérieuse : Pourquoi n'avez-vous pas fatigué, harcelé, chaque jour, chaque heure, l'armée ennemie de blocus, par des sorties en forces sur un point donné ? Cela vous était facile, puisque, occupant le cercle du centre d'investissement, vous pouviez, chaque jour, chaque heure, sinon remporter des succès décisifs, du moins faire subir à l'armée assiégeante des pertes qui, peu à peu, l'auraient épuisée, l'auraient démoralisée. Tout au moins, vous auriez assuré vos ravitaillements aux dépens de l'ennemi.

« Vous n'avez rien fait, et d'ici à peu de jours, vous n'aurez plus aucun moyen de combattre.

« Malgré cela, ne comptez pas sur nous ; vous ne nous vendrez pas comme un troupeau de moutons. Vous et vos acolytes, vous serez jugés un jour. Dieu veuille que vous puissiez vous défendre !

« Metz, le 12 octobre 1870. »

———

On lisait encore dans l'*Indépendant :*

ARMÉE DE METZ.

Communication officielle faite verbalement aux officiers par leurs chefs, le 19 octobre 1870.

(Cette pièce a été rédigée immédiatement par quelques officiers qui se sont réunis pour contrôler entre eux leurs souvenirs ; ils en attestent l'exactitude.)

« Messieurs, je suis chargé par le général de division, et de la part de M. le maréchal commandant en chef, de vous faire connaître des faits importants qui se sont produits depuis quelques jours. Les approvisionnements de la place de Metz diminuant de plus en plus, M. le maréchal Bazaine a cru devoir entrer en pourparlers avec l'ennemi. Il a désigné le général Boyer, son premier aide-de-camp, qui s'est rendu à Versailles au quartier général du roi Guillaume. L'empressement avec lequel l'envoyé du maréchal a été accueilli semble prouver que les Prussiens sont très-désireux de terminer la guerre. Ainsi le général Boyer ayant parcouru en chemin de fer le trajet de Metz à Château-Thierry, le service des trains était interrompu, afin de rendre son voyage plus rapide ; à Château-Thierry une voiture aux armes du roi de Prusse l'attendait pour le transporter à Versailles. A peine arrivé, le général est reçu par M. de Bismarck qui transmet au Roi sa demande d'audience ; il est aussitôt introduit, et se trouve en présence d'un conseil de guerre, auquel assistent, sous la présidence du roi de Prusse, les principaux chefs de l'armée prussienne.

« Le général Boyer ayant exposé le but de sa mission, le général de Moltke prit la parole, et déclara que dans une question toute militaire, les négociations ne pouvaient être longues. L'armée de Metz devait subir le sort de l'armée de Sedan, et se rendre prisonnière de guerre. M. de Bismarck fit observer que la question politique devait primer la question militaire. Je serais disposé à admettre, continua-t-il, une convention qui permettrait à l'armée de Metz de se retirer sur un point désigné du territoire français, afin d'y protéger les délibérations nécessaires pour assurer la paix. Cette idée était suggérée à M. de Bismarck par les difficultés que faisait naître pour le gouvernement prussien lui-même l'absence de tout gouvernement en France.

« En effet, les renseignements recueillis par le général le long de la route, auprès des chefs de gare et auprès de diverses personnes, les journaux qu'il a pu rapporter, ne laissent malheureusement subsister aucun doute à cet égard : l'anarchie la plus complète règne actuellement en France ; Paris investi, affamé, sans communications extérieures, doit s'ouvrir aux Prussiens dans très-peu de jours ; la discorde civile y paralyse la défense ; les membres du comité de défense nationale ont été débordés. Gambetta et de Kératry sont partis en ballon, l'un est venu tomber à Amiens, l'autre à Bar-le-Duc. Le désordre est au comble dans le midi de la France. Le drapeau rouge flotte à Lyon, à Marseille, à Bordeaux. Une armée de volontaires bretons a été détruite du côté d'Orléans. La Normandie, parcourue par des bandes de brigands, a appelé les Prussiens pour rétablir l'ordre. Le Havre, Elbeuf, Rouen, ont actuellement des garnisons prussiennes, qui concourent avec la garde nationale a sauvegarder la sécurité publique. Un mouvement d'un caractère religieux a éclaté en Vendée ; le Nord désire ardemment la paix. La Prusse réclame la Lorraine, l'Alsace, et plusieurs milliards d'indemnité de guerre ; l'Italie réclame la Savoie, Nice et la Corse.

« Cette anarchie, le gouvernement provisoire étant dispersé, les différentes villes ne s'accordant pas quant à la forme d'un gouvernement nouveau, les d'Orléans ne s'étant pas présentés, cette anarchie cause au gouvernement prussien, disposé à traiter de la paix, des difficultés imprévues. Il ne peut songer à établir des bases de négociations qu'en s'adressant au gouvernement de fait qui existait avant le 1er septembre, c'est-à-dire à la régence. On ignore encore si, dans les circonstances actuelles, la régente voudra prêter l'oreille à des propositions pacifiques. Mais en cas de refus, on ne pourrait s'adresser qu'à la Chambre des députés, issue du suffrage universel, et qui représente encore légalement la nation. Toutefois, pour que le Corps législatif puisse se réunir de nouveau et puisse délibérer, il faut qu'il soit protégé par une armée française. Tel est le rôle qu'aura sans doute à remplir l'armée de Metz. En attendant le retour du général Boyer, reparti pour Versailles avec de nouveaux pouvoirs, il est urgent de faire savoir aux troupes que la situation pénible où nous nous trouvons n'est que transitoire. L'armée sépare sa cause de celle de la ville de Metz. En attendant qu'elle puisse partir pour aller remplir une nouvelle mission patriotique, elle saura supporter courageusement encore quelques jours de privations. Si vous avez, messieurs, quelques explications nouvelles à demander, je m'empresserai de vous les donner ; mais je dois vous dire qu'aucune discussion ne saurait être admise. »

« Après cette allocution, écoutée dans le plus profond silence, la séance a été levée. »

L'Indépendant ajoutait :

« Ce discours peut se passer de commentaires. La solution qu'il indique à la situation était prévue et, ajouterons-nous, avait été préparée par une série de fautes dont on sait parfaitement sur qui rejeter la responsabilité.

« L'armée française redeviendra armée impériale, et devra encore s'illustrer par les exploits de la guerre des rues. Elle ira, de concert avec l'armée prussienne, rétablir l'ordre et fusiller *ces odieux républicains* qui ont la folle prétention de vouloir mourir pour la patrie.

« L'armée se prêtera-t-elle à ce rôle honteux ? Jouera-t-elle encore, comme en 1851, le jeu de l'empire, et donnera-t-elle sa main pour lui retirer les marrons du feu ? Nous ne le croyons pas. Elle sait parfaitement, aujourd'hui, quels liens la rattachent au peuple, et on aura beau lui voiler la situation, lui montrer la France en anarchie et nos grandes villes réclamant des garnisons prussiennes, elle n'en croira rien.

« L'armée est le peuple, et le peuple ne tire pas sur lui-même.

« Assez d'illusions. Assez de mensonges. L'armée française a été vendue et trahie. Elle est malheureuse, mais non déshonorée.

« Elle a encore assez de gloire pour ne pas vouloir de la guerre des rues. »

Une lettre du général Boyer. — Réponses à cette lettre.

Le 1er novembre, *l'Indépendance belge* publiait une lettre du général Boyer :

« Monsieur le rédacteur en chef,

« Le bruit qui se fait autour de mon nom depuis plusieurs jours, les interprétations de toute sorte auxquelles a donné lieu la mission dont j'étais chargé, ne m'auraient point fait sortir de la réserve qui m'était imposée par les circonstances.

« J'ai laissé courir les bruits ; je n'avais point à rectifier les interprétations.

« Mais je lis depuis deux jours dans toutes les feuilles publiques des appels à l'honneur et au patriotisme de la France, auxquels sont joints des anathèmes lancés contre le maréchal Bazaine et contre les chefs militaires de l'armée du Rhin.

« Les injures et les attaques violentes sont les seuls arguments dont puisse disposer M. Gambetta.

« Il use largement de ces moyens oratoires. Sans doute, il trompera quelques esprits naïfs ou timorés, qui grossiront l'armée des exaltés.

« Plus modéré que lui, je me borne à protester contre son inqualifiable violence, et au nom de l'armée du Rhin tout entière, de laquelle je tiens la mission qui m'a amené à Versailles et à Londres, au nom de son glorieux chef, je déclare que M. Gambetta offense la conscience publique autant que nos valeureux soldats, en parlant d'infamies et de scélératesses.

« Nous n'avons point capitulé avec l'honneur, nous n'avons point capitulé avec le devoir, nous avons capitulé avec la faim.

« Agréez, monsieur le rédacteur en chef, l'assurance de ma considération la plus distinguée.

« Général baron NAPOLÉON BOYER.

« Bruxelles, le 31 octobre 1870. »

L'*Indépendance* ajoutait :

« L'émissaire du maréchal Bazaine ose prétendre que c'est de l'armée du Rhin tout entière qu'il tenait la mission qui l'a conduit à Versailles et à Londres.

« C'est au nom de l'armée du Rhin aussi qu'il ose protester contre le langage de M. Gambetta, au nom de l'armée du Rhin indignement trompée par un chef sans scrupule, et livrée sans défense à l'ennemi !

« Les citations empruntées à *l'Indépendant de la Moselle* font justice de cette audacieuse protestation, et tous les faits concourent à prouver que l'armée du Rhin n'est pour rien dans les négociations entreprises au nom du maréchal Bazaine, et que la capitulation lui a été imposée par l'astuce de son chef.

« Sur ce point l'opinion de l'armée et celle de la population messine sont parfaitement d'accord avec l'opinion de M. Gambetta. Pour s'en convaincre, il suffit de lire la lettre adressée au maréchal Bazaine, dès le 12 octobre, par un autre officier dont *l'Indépendant de la Moselle* a recueilli les accusations (1). Voilà pour l'armée. Quant à la ville de Metz, les huées qui ont poursuivi le maréchal au moment de son départ pour Wilhelmshœhe, en disent plus que nous ne pourrions dire sur ce que la population assiégée pense de la capitulation.

« Outre le général Boyer, son premier aide-de-camp, le maréchal Bazaine n'a qu'un apologiste, c'est le *Moniteur prussien*, mais même dans l'armée prussienne nous sommes convaincus que la conduite du maréchal est appréciée à sa juste valeur. Déjà une dépêche adressée de Metz au *Daily News* ne nous apprend-elle pas que si Bazaine n'avait pas « manqué de détermination, » il aurait pu faire cette trouée que son armée appelait de tous ses vœux (2).

« Qu'on vienne dire, après cela, que M. Gambetta offense la conscience publique !

« Si la conscience publique est offensée, c'est par l'outrecuidance de tous ces hommes du bonapartisme, qui ont mené la France à l'abîme, et qui, alors qu'ils devraient lui demander pardon à genoux, n'ont pas même la pudeur de se taire, et affectent une jactance qui serait insupportable même s'ils n'avaient rien à se reprocher.»

Deux réponses à la lettre du général Boyer parurent immédiatement. La première, signée d'un nom de fantaisie, caractérise avec une vivacité originale, un acte sans précédent dans l'histoire militaire :

« Londres, 5 novembre 1870 (3).

« *Monsieur le baron général Napoléon Boyer, à Bruxelles.*

« Mon général,

« En réponse à votre lettre du 31 octobre dans *l'Indépendance belge,*

(1) Voir p. 27.
(2) Voir p. 13.
(3) *Indépendance* du 5 octobre.

je vous prie de vouloir bien me faire savoir par la même voie si les 53
aigles rendues aux Prussiens ont capitulé avec la faim.

« Je suis, monsieur le général, etc.

« Baron DE SCHLESWIG. »

« Metz, 12 novembre (1).

« Monsieur le rédacteur,

« Je lis un peu tardivement, dans le numéro de *l'Indépendance belge*
du 2 novembre, une lettre de M. Boyer, aide-de-camp du maréchal Bazaine, datée de Bruxelles, le 31 octobre, dans laquelle il ose parler au
nom de l'armée du Rhin.

« L'armée du Rhin tout entière est restée étrangère aux honteuses
machinations dont il a été l'agent, et qui ont eu le triste résultat que tout
le monde connaît. Si elle avait la possibilité de faire connaître son sentiment, des milliers de voix s'élèveraient pour protester contre cette audacieuse prétention.

« L'a-t-on consultée une seule fois, cette armée, pour avoir le droit de
parler en son nom? Entre Gambetta qui fait des prodiges pour sauver
son pays et les hommes qui l'ont trahi, le jugement est déjà prononcé. Ma
faible voix n'ajoutera rien à la sentence de l'histoire, et si je me permets
de parler aujourd'hui, c'est que je n'ai pu résister à l'indignation qui dé-
borde de mon âme.

« M. Boyer parle de devoir accompli, mais si on avait consulté ce seul
mobile, on aurait fait tout le contraire de ce qui a été fait. Il n'y avait
qu'un seul devoir à remplir, celui de conserver Metz à la France. On sait
ce qu'il en a été.

« Je vous serais très-obligé si vous pouviez donner asile à ma lettre
dans un de vos prochains numéros.

« Je vous prie d'agréer, en même temps, l'assurance de ma considération distinguée.

« J. DUBOIS.

« Chef d'escadron d'artillerie. »

Histoire de la capitulation de Metz.

A partir du 4 novembre, les journaux belges, et particulièrement *l'Indépendance*, qui s'était fait remarquer depuis le commencement de la guerre par
la sûreté et l'impartialité de ses informations, et une sagesse dans ses appré-
ciations qui l'ont honorée durant cette triste période, reçurent un grand
nombre de communications, surtout d'officiers de l'armée française, sur la
capitulation de Metz. Nous avons déjà cité le plus étendu de ces documents :
La capitulation de Metz devant l'histoire, œuvre d'un officier général,
publiée en articles et depuis en brochure (petit in-8° de 55 pages, Bruxelles,
Rozez fils). Le travail suivant, moins étendu, est encore plus remarquable. Il
est aussi d'un officier français.

(1) *Indépendance* du 22 octobre.

« Bruxelles, 2 novembre 1870.

« Metz est rendu : la plus honteuse capitulation que l'histoire militaire ait jamais enregistrée a mis aux mains des Allemands une forteresse intacte, gardée par une armée intacte, et dans cet éclatant désastre de l'honneur militaire français aucune apparence même n'a été sauvée. De ses cent régiments, de ses cent généraux, de ses forts superbes, de son immense matériel de guerre, Bazaine n'a rien sauvé : la capitulation ne lui a rien laissé que ses bagages.

« J'ai quitté Metz à l'heure où les Prussiens y entraient, et convaincu que je servirais plus utilement mon pays en appelant le grand jour de la publicité sur les tristes événements dont j'ai été le témoin, qu'en allant immédiatement reprendre les armes, j'ai résolu de consacrer quelques jours à publier mes souvenirs et mes notes, à provoquer la discussion, à y répondre, à démontrer enfin que l'armée a été démoralisée et perdue par ses chefs eux-mêmes, et que la place a été criminellement rendue avec ses fortifications entières, ses munitions et son matériel.

« Voici un résumé succinct de l'histoire du commandement de Bazaine.

« On se rappelle que lorsque l'Empereur quitta, vers le 10 août, le commandement de l'armée du Rhin, il y eut en France un soulagement général. La campagne du Mexique avait mis en évidence les qualités militaires du maréchal Bazaine, on avait confiance en lui, l'armée ne demandait qu'à lui obéir.

« La retraite commencée à Forbach fut continuée au-delà de la Moselle, retardée un instant par l'engagement du 14 août, appelé bataille de Borny, et arrêtée par la bataille du 16 août, à laquelle on a donné les noms de Mars-la-Tour, Thionville, Rezonville et Gravelotte, mais à laquelle il convient de conserver le nom de bataille de Thionville, à cause de la situation de la batterie prussienne, qui décida du sort de la journée.

« Le 16 août, l'armée française fut, comme d'habitude, surprise dans son camp ; elle était en flagrant délit de marche, étendue sur deux routes éloignées l'une de l'autre, et présentait le flanc aux défilés par où déboucha l'ennemi. Jusqu'à huit heures et demie du soir, les régiments français et les batteries françaises vinrent successivement se présenter devant la position de l'ennemi, devenue une position défensive ; chacune des deux armées conserva à peu près son champ de bataille, mais le général français consacra le succès stratégique des Prussiens en retirant son aile droite à quatre lieues vers le nord, et sa gauche à deux lieues vers l'est, et occupant sur les plateaux d'Amanvillers une longue position de bataille qui fut un peu retranchée.

« C'est là qu'il fut attaqué de nouveau le 18 août ; préoccupé de sa gauche, dont la perte (à ce qu'il lui semblait) l'aurait séparé de Metz, il resta de sa personne au village de Lessy, et concentra sa garde et sa cavalerie autour de lui. Pendant ce temps, son aile droite, accablée à Saint-Privat par tout l'effort des Prussiens, était mise dans une déroute complète. Aucune réserve n'avait donné.

« Le 14 et le 16, on avait chanté victoire, tout en abandonnant les positions où l'on avait combattu ; le 18, cette fraude n'était plus possible : la déroute manifeste de deux corps d'armée, l'investissement complété par la perte de la route de Thionville, étaient des témoignages trop assurés de notre malheur.

« C'est alors que commença la période d'inaction où a péri l'armée. Les troupes furent réparties dans le camp retranché et ébauchèrent précipitamment quelques retranchements informes. Puis, comme les Prussiens n'attaquaient pas, on se remit en mouvement. Le 26 août, par une pluie torrentielle, les troupes furent massées à grand'peine sur la rive droite de la Moselle ; on passa le jour à tenir conseil, et on les renvoya à leurs campements. Le 30 août, nouvel ordre, suivi d'un contre-ordre immédiat. Le 31 août, à trois heures du matin, on entreprend de se concentrer sur la rive droite ; à huit heures du matin, on présente quelques têtes de colonne à l'ennemi, puis on s'arrête jusqu'à quatre heures du soir, tandis que l'ennemi se masse entre Sainte-Barbe et Argancy. Enfin on permet au soldat d'attaquer ; jusqu'à onze heures du soir, des combats partiels, soutenus par des troupes du 3e et du 4e corps, se prolongent dans les villages entre Noisseville et Rupigny. Avant l'aube, le feu reprend, mais les troupes engagées ne reçoivent pas d'ordres ; les réserves, massées vers Saint-Julien et Grimont, se préparent à soutenir une attaque ; le feu d'artillerie des Prussiens se fait entendre presque seul. Enfin, vers onze heures du matin, on se met en retraite. Le deuxième corps (Frossard) couvre la retraite avec d'autant plus de succès que personne ne l'attaque, et chaque troupe rentre à son camp.

« Tel fut le terme des opérations militaires de Bazaine ; pareil à nos autres généraux, il n'avait pas été un seul instant le maître de son armée. Il avait écouté sans doute les objections de l'artillerie, celles du génie, celles de ses lieutenants. L'état-major surtout lui avait fait défaut : traverser la Moselle sur six ponts différents était déjà pour cet état-major une opération trop compliquée, et pour ce qui concerne les batailles, on n'en entendait parler qu'à la distribution des récompenses. Aussi est-il probable que, sur le champ de bataille, Bazaine ne voyait que les deux kilomètres qu'il avait sous les yeux, ce qui est suffisant pour un général d'Afrique ou du Mexique, mais tout à fait insuffisant pour l'homme qui prétend faire battre cent mille hommes sur un front de trois ou quatre lieues.

« Mal servi, incapable de se débarrasser des auxiliaires insuffisants qui lui rendaient le commandement impossible, Bazaine renonça, en quelque sorte, à commander. Ignorant lui-même des règles de la guerre, il ne vit d'autre issue à sa situation que des secours de l'extérieur ; il attendit Mac-Mahon, et il le fit savoir à la ville et à l'armée. Le 9 septembre il devint impossible de cacher à l'angoisse publique que Mac-Mahon était perdu.

« Le deuil public fut aussi grand qu'avait été grande l'incrédulité. Les lâches (je pourrais en nommer) commencèrent à murmurer le mot de capitulation. L'armée ne pouvait s'habituer à l'idée que 80 mille Français avaient mis bas les armes. Quant à la situation politique, on attendit l'ordre des chefs, et cet ordre ne vint pas ; personne, d'ailleurs, n'était soucieux de provoquer des préoccupations politiques, personne, excepté un seul homme dans l'armée, excepté celui qui avait la charge de la défense du pays.

« C'est alors que, cherchant à fonder sa fortune sur la défaite de sa patrie, Bazaine engagea avec la diplomatie prussienne ce duel d'intrigue et d'infamie dans lequel il fut si justement et si complétement battu. On sait quels avaient été au Mexique les antécédents de ce général, on sait ses ménagements multiples, ses velléités d'indépendance. On sait qu'il avait été jugé digne de commander l'armée de Paris, lorsque la politique intérieure s'était compliquée. Lorsque l'empereur abandonna le commandement, évincé presque par ses lieutenants, on se souvint du Mexique et de l'ambition de Bazaine. Enfin, la chute de l'empire vint lui créer une situation absolument indépendante ; s'il avait eu alors le talent qui est la déplorable excuse de ces ambitions déplacées, il aurait usé avec énergie de son souverain pouvoir, écarté les vieillards et les incapables, armé 35,000 hommes valides qui sont demeurés inutiles jusqu'à la fin du siége. Il aurait aguerri son armée, il l'aurait disciplinée par le travail et par des exemples sévères, et il serait sorti du blocus de Metz vaincu peut-être, mais l'homme le plus puissant de France.

« Heureusement pour la cause éternelle de la liberté et de la justice, Bazaine fut aussi incapable qu'il était ambitieux. Loin de se faire redouter de l'ennemi, il en accepta, dès le début, des complaisances compromettantes. On disait que le maréchal recevait chaque jour ses journaux : il est certain que les Prussiens se chargeaient de sa correspondance privée et de celle de son entourage. J'ai moi-même profité de ce mode de communication. Les relations entre les états-majors ennemis étaient fréquentes. Les soldats français glosaient sur leurs généraux et gardaient leurs étroits avant-postes. Presque tout le mois de septembre s'écoula ainsi ; seulement on remarquait déjà que les mauvaises nouvelles étaient répandues par les états-majors avec une facilité de mauvais augure. L'armée s'habituait à désespérer.

« En même temps il se produisait dans l'alimentation publique des à-coups qui ne sont pas encore expliqués. Un jour on prétendit que les farines allaient manquer ; les ingénieurs de toute provenance se mirent à installer des meules. Le sel était épuisé. Le maréchal Bazaine et le général Coffinières tenaient continuellement la population en alarme. Un jour, les rues se remplissent de pompiers et de gardes mobiles. On remplit d'eau de vastes tonneaux répartis dans toutes les rues : on craint un bombardement ! On craint un bombardement, et l'ennemi est à huit kilomètres de la place, c'est à peine s'il ose pousser à cinq kilomètres quelques timides uhlans. De bombardement, je n'ai pas besoin de dire qu'il n'y en

eut pas : c'est à peine si l'ennemi pouvait insulter de quelques obus inof-
fensifs l'enceinte des forts détachés. Enfin, comme sujet permanent d'inquiétude, le maréchal Bazaine a fait disparaître de certains actes le nom
de l'empereur, mais il n'a rien mis à la place.

« Vers le 20 septembre, le maréchal pensa sans doute « que la poire
« était mûre. » La garde avait été soigneusement complétée aux dépens
des autres corps. Elle avait les meilleurs chevaux, une nombreuse artillerie; on évaluait son effectif à 40,000 hommes; mais ce chiffre était exagéré. Le bruit courait aussi que, aussitôt la République proclamée, la
garde serait dissoute et les hommes répartis dans les autres corps, ainsi
que les officiers, ce qui eût été pour eux un notable désavantage.

« A l'époque dont je parle, on entendit des officiers de la garde tenir
des propos étranges : il fallait « aller mitrailler ces canailles de Pari-
siens qui ne viennent pas nous soutenir. » L'artillerie même, moins
crédule d'ordinaire que le reste, abondait dans ce sens plus qu'on n'aurait pu croire : oubliant le véritable ennemi, celui qui nous affamait,
on parlait avec aigreur de « ces va-nu-pieds de républicains, » on voulait
« balayer cette Chambre qui a perdu l'empire. » Enfin, ces hommes
aveuglés, oubliant que l'étranger foulait notre territoire, ne songeaient
plus à finir la guerre, mais à intervenir dans les discordes civiles comme
pacificateurs armés.

« Ce fut une véritable consternation parmi les patriotes. Nous ne pouvions croire à une erreur aussi funeste; mais nos chefs conspiraient contre
nous. Des colonels réunirent leurs officiers, des officiers supérieurs agirent
sur leur entourage. Ils parlaient d'*aigles*, de *serments*, de l'enceinte
législative violée, de *l'empereur*, de *l'impératrice* et du *prince impérial*.
Mais les officiers inférieurs secouaient la tête et ne repassaient pas la con-
signe aux soldats. Dans une de ces réunions, comme le colonel du... rap-
pelait à ses officiers qu'il fallait serrer plus que jamais les liens de la
discipline, un jeune officier se leva : « Mon colonel, dit-il, vous pouvez
être assuré de notre obéissance à tout ce que vous commanderez pour
l'honneur de l'armée et le bien du pays. »

« La ville, malgré les menaces de bombardement dont on l'avait
abreuvée, ne donna pas plus que l'armée dans le piège qui était tendu.
Elle rédigea des adresses édulcorées, mais nettes, où elle manifestait
qu'elle voulait se défendre, et qu'elle n'avait besoin de personne pour cela.

« On fit alors jouer d'autres ressorts, on promit une grande bataille;
l'armée se tint prête à partir, on versa trois mille typhoïdes et dys-
sentériques des ambulances, et on fit savoir à la ville, déjà transformée en
hôpital par la présence de près de 20,000 blessés et malades, que la
prochaine bataille lui donnerait 10,000 blessés nouveaux. Le 1er octobre,
il était encore possible de se battre, mais le 15, la cavalerie et l'artillerie
étaient ruinées par le manque de fourrages. L'artillerie avait commencé
à rendre ses pièces à l'arsenal, sous prétexte qu'on ne pouvait plus les
atteler.

« Je raconte seulement la catastrophe. Je parlerai ailleurs des efforts inutiles que les patriotes firent pour l'éviter. Toujours est-il qu'avant la mi-octobre le colonel Boyer, créé général pour la circonstance (car Bazaine faisait des généraux), partait pour Versailles, aussi mystérieusement que cela pouvait se faire dans cet état-major indiscret, allant offrir la ville au roi de Prusse, à condition que l'armée, neutralisée pour un temps déterminé, rentrerait en France avec ses armes, et serait chargée d'*assurer la liberté des élections*. Ces termes équivoques ne trompèrent u e ceux qui voulaient être trompés. « C'est bon pour sortir d'ici, disait l'armée, mais on verra après. » En même temps on parlait de nouveau du prince impérial et de régence; le régent, c'était Bazaine : il devait rendre à la fois l'ordre et la paix à son pays.

« Les Prussiens lui refusèrent cette gloire. On fut embarrassé, on tint conseil, on résolut de se battre, et une fois l'armée sous les armes, on ne se battit pas. Cela se passait le 19 octobre. Tandis que les soldats préparaient leurs armes depuis trop longtemps inutiles, tandis que les officiers bouclaient leur léger bagage, les généraux recevaient en communication officielle les nouvelles suivantes, rapportées par le général Boyer :

« Le général Boyer est allé jusqu'à Versailles ; il est également allé à
« Paris, il a vu les maires des localités où il a passé. Il n'y a plus de
« gouvernement en France. Paris a déjà usé trois gouvernements, Lyon
« deux. Lyon, Marseille ont installé une république de sang. Toulouse
« et le midi se sont séparés de la France. Les Prussiens sont à Orléans,
« à Bourges, à Cherbourg. *Rouen et le Havre ont appelé les Allemands*
« pour se délivrer des socialistes. Il n'y a qu'un gouvernement possible
« pour traiter, c'est la régence : il faut que l'armée rentre en France
« pour rétablir l'ordre et la liberté. »

« Et l'armée, incrédule, se disait : « Rentrons en France, et nous verrons après. » Mais elle était impatiente de rentrer en France.

« L'agonie était commencée. Les soldats, les fricoteurs, mendiaient dans la ville : aux avant-postes ils demandaient à manger aux Prussiens, qui leur en donnaient. La nuit, des milliers de maraudeurs se répandaient dans l'intervalle des sentinelles ; les Prussiens en prirent l'alarme et en tuèrent vingt dans une nuit, en tirant sans y voir. La mortalité avait été de vingt par jour dans la population civile, sur environ 70,000 âmes ; elle s'éleva dans les derniers jours à une moyenne de 25 et même, dit-on, de 30.

« Le maréchal continua à répandre par tous les moyens officiels les
« nouvelles Boyer, » sans cependant y mettre sa signature. « N'ayez
pas, disait un général en faisant cette communication à ses officiers, n'ayez pas de préjugés d'honneur militaire. » Cependant on ne parlait pas encore de rendre les armes, mais seulement de rentrer en France et de garder la neutralité.

« Le 20, le parti couard mit une sourdine à sa joie : on disait que l'impératrice refusait de rentrer en France. Le même jour, le général

Coffinières trouvait à négocier chez les banquiers de Metz pour un million
de traites du trésor, pour subvenir, disait-on, aux besoins de la ville.

« Le 25, le malheureux général Changarnier, entièrement rallié à
Bazaine depuis le 15 octobre, allait à Ars négocier une capitulation. Les
Messins discutaient entre eux comme des Grecs de Byzance. Le 26, on
savait tout, mais le parti de la reddition, qu'il est permis d'appeler le
parti des généraux, faisait accroire aux soldats qu'on les renverrait dans
leurs foyers. Le 28 au matin, les dernières pièces de campagne furent rendues à l'arsenal. A midi, on commença à rendre les armes ; cela continua
jusque dans la soirée ; peu de fusils furent détruits. La garde resta la dernière armée ; il en entra quelques bataillons dans la ville, à la nuit, pour
maintenir l'ordre ; ils rendirent leurs armes le lendemain.

« Le 29 je quittai l'uniforme, je traversai paisiblement les longues
colonnes de Français désarmés, et je croisai les régiments prussiens qui
s'avançaient doucement vers la ville.

« Dans cette abominable histoire, la part des chefs est immense. Ce
sont eux qui, pas à pas, ont conduit l'armée à la famine et au déshonneur.
Mais il faut faire aussi la part de la cité et celle de l'armée. Elles ont
manqué de sens moral. Malheur aux nations qui laissent un ambitieux se
jouer de leurs droits et de leur honneur ! Malheur aux armées qui déses-
pèrent de la patrie ! »

Lettre du maréchal Bazaine.

Cependant le maréchal Bazaine, toute honte bue, adressait au directeur du
journal *le Nord* la lettre que voici :

« Cassel, 2 novembre 1870.

« Monsieur le directeur du *Nord*,

« En arrivant à Cassel, où nous sommes internés par l'ordre de l'autorité militaire prussienne, j'ai lu votre *Bulletin* (partie politique) du
1er novembre, sur la convention militaire de Metz et la proclamation aux
Français de M. Gambetta. Vous avez raison, l'armée n'eût pas suivi un
traître, et pour toute réponse à cette élucubration mensongère afin de
continuer à égarer l'opinion publique, je vous envoie l'ordre du jour
adressé à l'armée après les décisions prises à l'unanimité par les conseils
de guerre des 26 et 28 octobre, au matin.

« Le délégué du gouvernement de la défense nationale ne semble pas
avoir conscience de ses expressions ni de la situation de l'armée de Metz,
en stigmatisant la conduite du chef de cette armée qui, pendant près de
trois mois, a lutté contre des forces presque doubles, dont les effectifs
étaient toujours tenus au complet, tandis qu'elle ne recevait même pas
une communication de ce gouvernement, malgré les tentatives faites pour
se mettre en relation. Pendant cette campagne de trois mois, l'armée de
Metz a eu un maréchal et 24 généraux, 2,140 officiers et 42,350 soldats
atteints par le feu de l'ennemi.

« Se faisant respecter dans tous les combats qu'elle a livrés, une pareille armée ne pouvait être composée de traîtres ni de lâches. La famine, les intempéries ont fait seules tomber les armes des mains des 65,000 combattants réels qui restaient (l'artillerie n'ayant plus d'attelages et la cavalerie étant démontée), et cela après avoir mangé la plus grande partie des chevaux, et fouillé la terre dans toutes les directions pour y trouver rarement un faible allégement à ses privations.

« Sans son énergie et son patriotisme, elle aurait dû succomber dans la première quinzaine d'octobre, époque à laquelle les hommes étaient déjà réduits par jour à 300 grammes, puis 250 grammes de mauvais pain. Ajoutez à ce sombre tableau plus de 20,000 malades ou blessés sur le point de manquer de médicaments, et une pluie torrentielle depuis près de quinze jours inondant les camps et ne permettant pas aux hommes de se reposer, car ils n'avaient d'autre abri que leurs petites tentes.

« La France a toujours été trompée sur notre situation qui a été constamment critique. Pourquoi? Je l'ignore, et la vérité finira par se faire jour. Quant à nous, nous avons la conscience d'avoir fait notre devoir en soldats et en patriotes.

« Recevez, etc.

« Signé : BAZAINE. »

Suit le texte de l'ordre général relatif à la capitulation.

A la date du 6 novembre, on lisait dans les journaux :

« Le maréchal Bazaine en partant n'oubliait pas ses intérêts, il réclamait, avec son traitement de maréchal de France, un trimestre de sa dotation de sénateur (sic). Le payeur s'y refusait, mais sur l'ordre écrit de Bazaine, il dut céder.

« Une anecdote, dont la vérité est peut-être douteuse, mais qui peint bien l'esprit des troupes à l'endroit de leurs chefs, circulait dans les camps. Le général Manèque ayant été tué devant l'ennemi, tous les généraux assistèrent à son inhumation. On en prévient le prince Frédéric-Charles, en l'engageant à en profiter pour surprendre l'armée française; mais lui s'y refusa en disant qu'attaquer l'armée française sans ses généraux, ce serait courir à une défaite. Et on ajoutait que défense était faite, sous les peines les plus sévères, aux soldats allemands, de viser un général français. »

Rapport de M. de Valcourt, officier attaché au grand quartier général de l'armée du Rhin.

Nous avons vu que le 29 octobre, quand le citoyen Gambetta lança sa circulaire aux préfets de la République, il avait reçu plusieurs officiers de l'armée de Metz. Parmi eux on citait M. de Valcourt, officier du quartier général de Bazaine, dont un rapport sur la capitulation a depuis été inséré au *Moniteur*. Il doit figurer ici : nous en supprimons seulement la première partie, qui est un exposé des événements militaires depuis l'affaire du 14 août jusqu'à celle du 31 août-1er septembre, à Noisseville, en suite de laquelle le chef de l'armée du Rhin renonça définitivement à percer les lignes allemandes.

§ I. — *Question militaire.*

. . . .

« Depuis lors, aucune sortie sérieuse n'est venue indiquer de la part du commandant en chef la volonté de tirer son armée de la terrible fausse position dans laquelle il l'avait placée ; il ne prit pas davantage les mesures nécessaires à un blocus de longue durée ; c'est ce que nous allons examiner maintenant, en indiquant la conduite du maréchal depuis que la nouvelle de la capitulation de Sedan et de la révolution du 4 septembre était parvenue jusqu'à lui.

« Continuant simplement à examiner le côté militaire de cette étrange situation, nous constaterons que le maréchal Bazaine n'a fait que deux tentatives de sortie depuis le 1er septembre, savoir : le 27 septembre, sur le village de Peltre, sortie qui nous a rapporté 40 têtes de bétail et 200 voitures de fourrages au plus, et le 27 octobre, mouvement stratégique qui consistait à donner plus de liberté à nos mouvements dans la direction de Thionville. Un petit château appartenant à un M. Ladonchamps, et portant le nom de son propriétaire, fut pris d'assaut par nos troupes, et la division de voltigeurs de la garde se porta à deux ou trois cents mètres en avant, enlevant sur son passage la villa de Saint-Remy, et s'arrêtant, *par ordre*, sur le bord du ruisseau des Tapes. Deux régiments de cette division avaient ordre, en effet, d'atteindre ce petit cours d'eau et de s'y maintenir jusqu'à cinq heures et demie, puis de faire retraite d'eux-mêmes à cette heure-là.

« A peine dix-sept ou dix-huit mille hommes prirent-ils part à cet engagement, qui ne pourra jamais être expliqué comme une tentative sérieuse de percer les lignes prussiennes.

« Du reste, le commandant en chef semblait avoir à tâche de prouver aux soldats l'inutilité de leurs efforts. Le 17 octobre, une note officielle parut dans les journaux de Metz, indiquant la force des troupes prussiennes cernant le camp retranché, insistant sur ce fait que trois lignes d'ennemis redoutables étaient appuyées par de formidables batteries et par des réserves nombreuses et aguerries, paraissant en un mot vouloir établir, aux yeux de chaque officier ou soldat français, l'impossibilité dans laquelle se trouvait le maréchal d'exécuter un mouvement libérateur.

« Déjà au commencement du même mois d'octobre, et particulièrement après le 7 octobre, des bruits de capitulation coururent l'armée. Tout ce qu'elle contenait d'ardent et de courageux regimba violemment sous une si honteuse supposition ; les journaux, quoique sous une censure sévère, publièrent diverses protestations signées en toutes lettres par des officiers estimés ; les citoyens de Metz jetèrent les hauts cris, et le mot de trahison passa de l'un à l'autre comme une traînée de poudre.

« Un fait capital semblait en effet indiquer chez le maréchal la pensée de hâter une capitulation qu'il regardait sans doute comme plutôt utile à ses projets politiques personnels. Jamais les intendants attachés à l'armée n'avaient pu obtenir la réduction des rations, en vivres et fourrages. Presque jusqu'à la fin des ressources en fourrages et avoines, les chevaux reçurent la ration réglementaire, et, quant aux hommes et à leur nourriture, ce ne fut qu'en employant vis-à-vis du maréchal une véritable violence de langage que l'on put obtenir des réductions successives. L'administration de l'intendance a déposé chez un notaire de Metz les minutes de toutes les dépêches adressées par elle au commandant en chef, relativement à la réduction des rations. Elle compte ainsi mettre sa conduite à l'abri des reproches si graves de négligence ou de mauvaise gestion.

« Il y avait déjà plusieurs semaines que les ressources de la ville et de la garnison alimentaient les divers corps de l'armée, lorsque le maréchal consentit pour la première fois à diminuer la ration de pain, 750 grammes à 700 grammes, et encore recommanda-t-il aux agents supérieurs de l'intendance de ne point parler de cette réduction, et de faire pétrir des pains d'une farine inférieure, en cachant aux hommes le fait d'une diminution dans leurs rations. Peu de jours plus tard, nouvelles supplications de l'intendance ; cette fois, diminution officiellement annoncée : 500 grammes de pain. Huit jours après, 300 grammes seulement par homme et par jour. Ce dernier pain fut pétri avec une farine toute spéciale, faite de tout ce que contient le blé brut : pellicules, son et farine. Il était amer et coriace, et avait une couleur et une odeur répugnantes. Toutefois, il fut accepté avec bonheur par les hommes jusqu'à ce que le 19 octobre toute distribution de pain fut supprimée. Le biscuit ne fut pas davantage distribué. A cette même date, les hommes étaient censés avoir dans leur sac quatre rations de biscuits de réserve, et l'ordre général du 19 leur prescrivait de consommer ces rations du 19 au 23. Il va de soi que la plupart des hommes avaient depuis longtemps consommé ce biscuit, dont la majeure partie, restant des campagnes de Chine et même d'Italie, était, dès la distribution, dans un état presque complet de moisissure.

« Le sel manquait depuis le 15 septembre; la viande distribuée consistait, depuis le 1er septembre, exclusivement en cheval, et la ration avait toujours augmenté au fur et à mesure de la disparition du pain. En outre, comme il mourait dans les derniers temps 300 chevaux de plus qu'on n'en abattait, les soldats ne se faisaient pas faute de dépecer les moins maigres, au risque de contracter, en mangeant cette viande malsaine, les plus effroyables maladies.

« Pour achever la partie militaire de ce navrant récit, nous dirons que le maréchal Bazaine ne manquait point de munitions de guerre. Des tableaux faits dans les bureaux du commandant général de l'artillerie de l'armée (général Soleille), tableaux que nous avons eus sous les yeux, accusent, au 20 septembre, 9 millions de cartouches pour chassepots, 498 bouches à feu, munies de 150,000 coups. Or, depuis le commencement de la campagne, les 2e, 3e, 4e et 6e corps d'armée de la garde, réunis, n'ont brûlé que 3 millions 500,000 cartouches, et n'ont tiré que 80,000 coups de canon ; c'est dire que le maréchal avait en sa possession des éléments plus que suffisants pour tenter une sortie vigoureuse qui eût décidé du sort de son armée, et, en quelques points sans doute, de la destinée de la France.

« Un dernier fait établit d'une façon encore plus précise, s'il est possible, la décision prise dès longtemps par le maréchal, de ne faire servir l'armée du Rhin qu'à l'exécution de ses projets personnels : le 22 octobre, le général de Cissey, du 3e corps d'armée, apprenant que la deuxième mission du général Boyer avait complétement échoué, et que le roi Guillaume était décidé à n'accorder à l'armée de Metz aucunes conditions favorables, a nettement proposé au maréchal Bazaine un plan qui consistait à réunir instantanément les ressources de la ville et de l'armée, d'organiser dans les habitations de Metz et de la banlieue des perquisitions de vivres, *ce qui n'avait point été fait jusqu'alors*, et après trois ou quatre jours de préparatifs, d'atteler aux canons le plus de chevaux vigoureux que les propriétaires de Metz et des environs pourraient fournir, et de marcher en avant, coûte que coûte, plaçant dans le sac de chaque soldat 180 cartouches et quatre jours de vivres, en cheval fumé, en café et en pain. Ce plan si patriotique et si certainement praticable, fut formellement écarté par le maréchal qui allégua, pour couvrir sa responsabilité, l'opinion du conseil des maréchaux, unanimement contraire à un tel projet.

§ II. — *Question politique.*

« La conduite du maréchal Bazaine, si difficile à expliquer, si l'on tente de l'interpréter en suivant les règles de la logique honnête, est, au contraire, de la plus entière limpidité, si on l'examine au point de vue de l'intérêt personnel. Bazaine, caractère essentiellement ambitieux, et encore plus faux, si cela est possible, cherchait depuis le 18 août à faire jouer à son armée un rôle politique en France. Persuadé qu'il tenait cette armée tout entière dans sa main, et que le brillant courage dont il faisait parade à chaque combat la lui attacherait tous les jours davantage, il combina ses plans de telle sorte qu'il pût avoir toujours à sa disposition un corps de troupes fortement constitué, dont la pression fût irrésistible et pût décider de l'avenir de la France.

« Le désastre de Sedan ne fit que le fortifier dans cette pensée. Aussi se garda-t-il bien de reconnaître par un acte quelconque le gouvernement de la défense nationale, et n'annonça-t-il à ses troupes la captivité de l'empereur et la formation d'un nouveau pouvoir que comme un bruit peu digne de foi qui parcourait la presse allemande. Son ordre général du 15 septembre commençait, en effet, ainsi :

« Les journaux allemands parvenus au grand quartier général nous disent que... »

« Après avoir nommé les membres de ce gouvernement dont, à son dire, la rumeur publique en Allemagne s'occupait, il encourageait ses soldats, en quelques mots maladroitement et incorrectement tournés, à l'union la plus parfaite, et à une résignation de plus en plus complète au sort qu'il leur destinait.

« Le temps marchait, et ce n'est guère que vers le commencement d'octobre que la voix publique se prononça énergiquement contre Bazaine, et se mit à citer tout haut des faits indiquant chez lui une pensée de restauration bonapartiste.

« Dès cette époque, dans l'armée même, un comité de défense à outrance s'était formé. Ce comité, admirablement bien renseigné, et gagnant chaque jour du terrain parmi les officiers subalternes et supérieurs, avait, dès le 12 octobre, la certitude qu'une capitulation allait être signée par Bazaine et entraînerait la reddition de l'armée et de la ville. Le maréchal Canrobert, pessimiste par excellence, s'en était ouvert aux officiers de son état-major, les engageant à faire tous leurs préparatifs pour aller faire un séjour de quelques semaines en Allemagne, à la suite duquel séjour, ajoutait le commandant du 6e corps, « nous rentrerons en France, replacerons le petit prince sur le trône, et rétablirons, de gré ou de force, la dynastie des Bonaparte à la tête des affaires du pays. »

« Le comité de la défense chercha alors dans Metz quelques citoyens dévoués, qui acceptassent le rôle de délégués de fait du gouvernement de la défense nationale. Ces citoyens préparèrent des mandats d'arrêt contre Bazaine, Le Bœuf et Frossard, nommèrent le général Ladmirault, l'idole de l'armée entière, commandant en chef des troupes soulevées, et donnèrent ordre à plusieurs officiers d'état-major du génie de combiner un plan stratégique qui pût réunir en quelques heures autour de Metz les régiments rebelles à toute pensée de capitulation. Les officiers interrogés répondirent d'un chiffre de 20,000 hommes résolus, et la question de l'action immédiate ou de l'action postérieure à l'acte de capitulation, s'agita entre les membres du comité.

« Craignant d'effrayer beaucoup d'officiers dévoués aux idées de discipline aveugle, et qui ne désiraient se mettre en avant que lorsque la reddition les aurait déliés de toute obligation vis-à-vis de leurs supérieurs, le comité décida à la majorité que le mot d'ordre ne serait envoyé aux troupes conjurées qu'au moment où la capitulation serait un fait accompli. A cette heure-là même, chacun des régiments décidés à marcher devait se diriger sur un point désigné à l'avance et se mettre à la disposition des chefs nouveaux que le gouvernement provisoire placerait à leur tête, aux lieu et place des récalcitrants.

« Après avoir excité un grand enthousiasme dans l'armée, ce noble projet vit peu à peu l'immense majorité de ses adhérents l'abandonner, et il n'en eut bientôt qu'un si petit nombre, que dès le 17, les chefs du parti de la défense à outrance se séparèrent, la mort dans l'âme, reconnaissant l'inanité de leurs efforts, et déplorant la démoralisation sans nom dont semblait être possédée l'armée entière, des généraux aux soldats.

« L'oisiveté absolue dans laquelle Bazaine laissa la majeure partie de ses troupes, depuis les engagements des 31 août et 1ᵉʳ septembre, avait amené peu à peu dans les camps un dévergondage inouï. Les filles de joie se promenaient impunément parmi les bivacs, au bras d'officiers à demi pris de vin. A peine si quelque rare punition disciplinaire venait frapper les officiers coupables de si honteux excès (1).

« Ceci est un des faits entre mille, servant à établir jusqu'où s'était peu à peu abaissé l'esprit général de cette glorieuse armée.

« Vers le 11 octobre, c'est-à-dire à l'époque même où cette conjuration semblait réunir le plus de chances de succès, un jeune officier de l'armée publia, sous un nom supposé, une brochure violente, traitant longuement de la conduite impériale, et indiquant aux habitants de Metz et à l'armée le danger que couraient leur liberté et leur honneur. La brochure fut supprimée, les formes brisées, et l'éditeur activement recherché. Vers le 16, deux officiers du génie, membres du comité dont il a été parlé ci-dessus, MM. les capitaines Boyenval et Rossel, furent conduits chez le maréchal, et après un sévère interrogatoire, le premier d'entre eux, qui s'était exprimé sur la situation avec une franchise pleine de dignité, fut conduit par les mains de la gendarmerie dans l'intérieur du fort Saint-Quentin, pour y être gardé à vue.

« La conduite réactionnaire du maréchal s'affichait, depuis le 10 octobre, sans aucune retenue ; c'étaient des phrases entières supprimées aux journaux de la ville, phrases qui appelaient précisément les citoyens et les soldats à la lutte à outrance, et criaient haine contre la capitulation ; c'étaient des agents sans nombre, envoyés par les camps, et parlant aux soldats de reddition et de repos ; c'étaient des notes officielles, énumérant les capitulations honorables de tous les temps, et en particulier celles de Toul et Versailles. Enfin, c'étaient surtout ces allées et venues des généraux, comme Boyer et autres, partant pour des destinations plus ou moins inconnues, dont ils revenaient ou ne revenaient pas.

« Lundi 17, le général Boyer était de retour au Ban-Saint-Martin ; le lendemain matin, au conseil des maréchaux, il annonça officiellement que, non-seulement Orléans, mais encore Tours, Châtellerault, Bourges, Saint-Etienne, Rouen, le Havre et Lille étaient entre les mains des Prussiens ; qu'aucun vestige de gouvernement n'existait plus en France ; que, dans toutes les villes importantes, les émeutes les plus effroyables existaient en permanence ; qu'entre autres, Lille et Rouen, saccagées par les socialistes, avaient appelé une garnison prussienne ; et qu'enfin il importait au salut de la France que l'empereur, ou l'impératrice régente, conclussent la paix avec le roi Guillaume consentant, et qu'à la suite de cette

---

(1) Un capitaine prisonnier à Mayence a protesté dans l'*Indépendance* contre ce passage du rapport de M. de Valcourt : « Qu'on ait vu, dit-il, un cas semblable, c'est bien possible de la part de quelques jeunes gens nouvellement promus officiers ; mais il ne conviendrait pas de l'écrire en termes tels qu'il semble que chaque camp dût présenter de pareils spectacles. »

paix, l'armée du Rhin se dirigeât vers l'intérieur du pays, pour rétablir l'ordre gravement compromis et réinstaller partout le régime impérial et ses serviteurs.

« A la suite de ces explications qu'il ne fut nullement recommandé aux chefs de corps de garder secrètes, le conseil de guerre déclara qu'il y avait lieu de faire part aux troupes de cet état de choses, et de leur faire pressentir, comme prochain, un arrangement entre les deux armées.

« Dès le 20 octobre, en effet, un ordre du jour fut lu aux officiers, leur annonçant qu'un traité de paix allait être conclu entre la France et la Prusse ; que l'impératrice régente allait être rétablie, et viendrait rejoindre l'armée avec son fils ; qu'enfin l'armée elle-même serait dirigée vers les villes rebelles, les soumettrait, et protégerait, à Toulouse, la réunion des anciennes chambres, et que ces chambres ratifieraient le traité de paix conclu avec les Prussiens, traité dont les conditions ne furent, on le comprend, nullement communiquées aux soldats.

« Malheureusement pour le plan de Bazaine, l'adhésion du gouvernement du roi Guillaume n'était point aussi certaine qu'on l'avait cru d'abord. Bazaine voulant rendre l'armée et non la place, sur laquelle il n'avait qu'un pouvoir restreint, puisque le général Coffinières en était le commandant supérieur, le prince Frédéric-Charles déclara, en fin de compte, se refuser à tout arrangement sur de telles bases, et ne vouloir que d'une double capitulation, comprenant à la fois l'armée du Rhin, 110,000 hommes prêts à marcher au combat, et la ville et forteresse de Metz.

« C'est le 21 qu'arriva la nouvelle de la rupture des pourparlers ; le lendemain matin, le maréchal Bazaine tentait *pour la première fois* de correspondre avec le gouvernement de la défense nationale, dont il n'avait jusqu'alors jamais reconnue l'existence. La dépêche chiffré qu'il a expédiée, et qui est parvenue au ministère de la guerre par les mains de deux officiers de l'état-major général, était conçue dans un chiffre inconnu aux divers départements de l'administration publique. Par un hasard étrange, sinon par une combinaison machiavélique du maréchal, le chiffre qui avait été employé fut reconnu pour être le chiffre dit impérial, dont la clef ne se trouve qu'entre les mains de l'empereur ou celles de ses anciens ministres. Cette seule communication de Bazaine doit donc être considérée comme non avenue, et il reste acquis à la cause que le maréchal a, dès le 14 septembre, connu et répudié le gouvernement de la défense nationale, et que tous les actes de sa conduite politique et militaire, depuis cette époque jusqu'à maintenant, sont ceux d'un indigne serviteur, sinon d'un traître à la patrie.

« Le 15 octobre, le général Coffinières, poussé par la municipalité et la garde nationale de Metz, reconnut, par une lettre affichée partout, l'existence du gouvernement de la défense nationale, et annonça en même temps aux habitants de la forteresse l'épuisement subit des denrées alimentaires.

« Par un écrit également rendu public, le conseil municipal, à l'unanimité, déclara repousser toute complicité dans l'acte d'incroyable légèreté, pour ne pas dire de honteuse trahison, par lequel le général commandant supérieur de leur ville avait dissipé les ressources de la ville de Metz pour en nourrir l'armée campée hors des murs.

« Pour résumer la conduite du maréchal Bazaine dans les deux mois et demi qui se sont écoulés entre la bataille du 18 août (Saint-Privat) et maintenant, nous dirons, et nous appuyant sur les faits cités plus haut :

« 1° Que le maréchal n'a jamais tenté, depuis le 18 août, une sortie sérieuse, et que ses essais d'attaque des lignes prussiennes n'ont été faits que pour lui servir plus tard d'excuses aux yeux de son pays et de l'histoire ;

« 2° Que le maréchal ne voulait point tenter un effort suprême qui aurait, même en cas de succès, grandement désorganisé sa splendide armée, et ne lui aurait plus permis à lui, commandant en chef de l'armée du Rhin, d'être l'arbitre des destinées politiques de la France ;

« 3° Ces mêmes considérations expliquent pourquoi le maréchal n'a jamais consenti à reconnaître le gouvernement de la défense nationale, et a cherché jusqu'aux derniers moments à rassembler les restes de la puissance bonapartiste, dans le but de refaire un troisième empire ;

« 4° Une fois convaincu qu'il ne pourrait amener la France, et les Prussiens tout à la fois, à des idées de restauration de Bonaparte, qu'en ajoutant le désastre de la capitulation de l'armée de Metz et de la ville elle-même à tous les malheurs qui pèsent déjà sur notre pauvre pays, le maréchal a pris à tâche de hâter le moment de la reddition.

« Pour ce faire, il s'est refusé à diminuer à temps les rations de fourrages, laissant ainsi subitement les 25,000 chevaux composant sa cavalerie et traînant son artillerie, sans aucune denrée alimentaire, au lieu de faire durer le plus longtemps possible les ressources qu'il avait entre les mains au 1er septembre, date de sa dernière grande sortie.

« De même, il n'a consenti à amoindrir les rations des vivres qu'après de longs délais, et alors que cette mesure n'avait plus qu'une utilité minime, puisqu'elle ne pouvait être exercée que sur une quantité peu considérable d'approvisionnements.

« Bref, en tous points, le maréchal Bazaine n'a agi que dans un seul but, être et rester maître de la situation politique en France, et croyant pouvoir se servir des Prussiens pour l'aider dans l'exécution de ses projets ambitieux, *il leur a livré sciemment* la ville et forteresse de Metz, ainsi que l'armée française de cent dix mille hommes campée dans l'enceinte retranchée.

« E. DE VALCOURT,

« Officier attaché au grand quartier général
de l'armée du Rhin (1). »

(1) Dans le numéro du *Moniteur* où ce rapport est publié on lisait les actes officiels que voici :
« Par arrêté du ministre de l'intérieur et de la guerre, en date du 30 octobre, M. E. de Valcourt,

Une voix de l'armée de Metz.

Sous ce titre, *l'Etoile belge* du 7 novembre publia la lettre suivante du général commandant la 2e division du 6e corps devant Metz. Elle contient des révélations du plus haut intérêt sur les faits qui ont précédé la capitulation, et fait nettement ressortir le rôle qu'ont joué dans ce lamentable drame les maréchaux dépositaires de l'honneur des armes françaises :

6e CORPS.
—

2e DIVISION MILITAIRE.
—

Cabinet.

« Trèves, le 5 octobre 1870.

« Plusieurs journaux belges et français ont produit, sur la capitulation de Metz, des articles inexacts pour l'honneur de l'armée française et des généraux en sous-ordre. Il est indispensable que l'Europe sache que, dans aucune circonstance, les généraux commandant les divisions et les brigades de l'armée de Metz, n'ont été consultés. Chaque fois que les commandants de corps d'armée les ont réunis, c'était, non pour leur demander leur avis, mais pour les informer des faits accomplis. Il faut donc que la responsabilité tout entière des fautes commises retombe sur le général en chef et les chefs de corps d'armée ci-dessous désignés : Bazaine, général en chef ; — Canrobert, commandant le 6e corps ; — Le Bœuf, le 3ᵉ corps ; — Ladmirault, le 4e ; — Frossard, le 2e, et Desvaux, la garde, en remplacement de Bourbaki.

« Le 8 octobre, par ordre du général en chef, les commandants des corps d'armée réunirent chez eux les généraux de division, afin de les informer qu'il ne restait plus à l'armée que pour huit jours de vivres, en réduisant la ration d'un tiers, et que la ville de Metz en avait tout au plus pour une dizaine de jours, qu'il fallait prendre un parti avant l'épuisement total de nos provisions de bouche ; quant à nos munitions de guerre, l'artillerie avait encore assez de projectiles et l'infanterie une quantité suffisante de cartouches pour livrer une bataille.

« Afin de ne pas m'écarter de l'exacte vérité, je m'abstiens de parler des autres corps d'armée, je citerai seulement, mot pour mot, tout ce qui a été dit et fait dans le 6e corps, auquel j'avais l'honneur d'appartenir. M. le maréchal Canrobert, après nous avoir lu la lettre du général en chef, faisant connaître la triste situation dans laquelle se trouvaient l'armée et la ville de Metz, se retira en nous priant de tenir conseil sur la conduite que les circonstances nous dictaient. — Le 6e corps d'armée

officier de la garde mobile, attaché au grand quartier général de l'armée du Rhin, a été attaché au secrétariat particulier du ministère de la guerre.

« M. E. de Valcourt, officier de la garde mobile, attaché au grand quartier général de l'armée du Rhin, qui a rempli la périlleuse mission de traverser les lignes prussiennes pour apporter des dépêches à la délégation du gouvernement, à Tours, a été nommé chevalier de la Légion d'honneur, par décision en date du 31 octobre. »

était composé de quatre divisions d'infanterie et une de cavalerie, commandées par MM. les généraux Tixier, Bisson, La Faut de Villiers, Levassor,
Sorval et du Barrail. Bien qu'ils n'eussent jamais été consultés jusqu'alors
pour les opérations militaires qui avaient amené cette fâcheuse situation,
dans l'intérêt de l'armée, les généraux de division au 6e corps consenti-
rent à proposer la capitulation suivante :

« N'ayant plus de vivres, l'armée de Metz consentirait à capituler, à
« condition qu'elle rentrerait en France avec drapeaux, armes et bagages,
« pour se retirer dans une des villes du Midi, s'engageant à ne pas servir
« contre la Prusse pendant le reste de la campagne, et que la ville de Metz
« serait libre de continuer sa défense. Si ces conditions n'étaient pas ac-
« ceptées par l'ennemi, nous étions résolus à poursuivre un passage, les
« armes à la main, et à nous faire tous tuer plutôt que de nous rendre. »

« Ce procès-verbal, signé par les cinq généraux commandant les divisions du 6e, fut remis au maréchal Canrobert, avec prière de le transmet-
tre au maréchal Bazaine, commandant en chef. — Bien résolu à ne pas
accepter la moindre condition humiliante, j'adressai, le lendemain, une
proposition au maréchal Canrobert, en le priant de la communiquer au
maréchal commandant en chef.

« Je demandais qu'on formât une avant-garde composée des bataillons
de chasseurs à pied, au nombre de six, et des compagnies d'éclaireurs de
tous les corps d'armée, ce qui faisait un total de 10,000 hommes. Si l'on
voulait m'en confier le commandement, je me chargeais d'ouvrir un passage à l'armée, en m'emparant des hauteurs boisées qui vont presque jusqu'à Thionville, en longeant la rive gauche de la Moselle ; par ce moyen,
nous tournions les batteries ennemies établies à Saulny, Norroy, Belle-
vue, Fèves et Semécourt.

« L'armée pouvait, passant au-dessous des bois, éviter l'artillerie placée sur la rive droite de la rivière, et protégée par mes troupes, n'aurait
eu à se défendre qu'à l'arrière-garde. Culbutant devant nous les faibles
lignes que les Prussiens avaient dans la vallée, nous pouvions, dans la
journée, gagner Thionville, et de là nous diriger sur Mézières, en longeant
la frontière, au pis aller nous jeter dans le Luxembourg. Malheureusement ma proposition resta sans effet, et Son Excellence ne daigna pas
me répondre.

« Le 11, nous apprîmes que le général Boyer, désigné par le commandant en chef pour traiter de la capitulation, était parti pour Versailles.

« Le 18, le maréchal Canrobert me fit appeler à 7 heures du matin : il
feignit de ne pas connaître les nouvelles apportées dans la nuit par le général Boyer ; il m'interrogea longuement sur mon opinion, en cas de refus de l'ennemi d'accepter des conditions honorables. Je lui répondis que
le seul parti à prendre était celui que j'avais proposé, c'est-à-dire gagner Thionville par les hauteurs boisées. La conversation en resta là. Le
même jour, à 2 heures de l'après-midi, les commandants du corps d'armée réunirent les généraux de division, les chefs de service et chefs de

corps, pour les entretenir sur les projets du général en chef, et les résultats de la démarche faite par le général Boyer rentré de la veille au grand quartier général.

« Dans la réunion des généraux de division du 6ᵉ corps, le maréchal Canrobert fut excessivement embarrassé dans les détails sur la mission du général Boyer.

« Il parla longuement pour ne rien dire, sa voix tremblait, et après bien des circonlocutions, il finit par nous dire que le roi de Prusse ne voulait pas reconnaître le gouvernement de la défense nationale, mais qu'il traiterait volontiers, et au grand avantage de l'armée française, avec le gouvernement de la régence ; qu'en conséquence, le général en chef allait de nouveau envoyer le général Boyer, pour décider l'Impératrice à accepter cette proposition. Le maréchal nous engagea à réunir les officiers, pour leur bien faire comprendre la triste position dans laquelle se trouvait l'armée, et leur dire que le seul moyen d'en sortir était d'établir en France le gouvernement de la régence ; que, pour arriver à ce résultat, il n'y avait que quelques jours à attendre, que l'armée serait dirigée, avec drapeaux, armes et bagages, sur une ville de France où l'on proclamerait le nouveau gouvernement, qu'on comptait sur le dévouement du soldat pour prendre patience encore quelques jours, que fauté de pain on augmenterait d'un tiers la ration de viande de cheval. Les officiers acceptèrent la proposition du commandant en chef, comme seul moyen de rentrer en France avec les honneurs de la guerre, mais parmi eux pas un n'aurait consenti à imposer un gouvernement à notre pays.

« Le même jour, ordre fut donné de se tenir prêts à partir au premier signal ; on donna à tous les états-majors le plan des attaques prussiennes, non pas pour les leur faire connaître dans la prévision d'un assaut, mais pour faire accepter aux officiers ce que l'on voulait d'eux, en cherchant à les intimider par la quantité et la force des ouvrages prussiens. Cette mesure était une fourberie de la part du commandant, car, une fois prisonniers, nous pûmes, en passant les lignes, nous rendre un compte exact de la fausseté des plans qui avaient été communiqués.

« Les avant-postes de Ladonchamps et de la ferme Sainte-Agathe, qui occupaient toute la partie de la plaine de la Moselle faisant face à Thionville, furent retirés ; les officiers prussiens vinrent serrer la main aux officiers français, se chargèrent de leurs lettres, et leur dirent qu'ils partaient pour Maizières ; tous les avant-postes furent retirés, on paya aux officiers de tous grades un mois de solde de France, c'est-à-dire, solde sans accessoires. On demanda de suite un supplément de propositions pour des récompenses ; en un mot, on fit tous les préparatifs d'un prochain départ.

« Le 24, à cinq heures du soir, le maréchal Canrobert réunit ses généraux de division, pour nous annoncer le refus de l'impératrice. Un seul espoir, disait-il, nous restait : le général Changarnier s'était rendu auprès du prince Frédéric-Charles, afin de lui proposer de faire appel aux anciens députés de l'empire. Ceux-ci devaient nommer un gouvernement que nous ferions accepter par la France.

« Lorsque le maréchal eut fini de parler, je lui fis observer que cette démarche était une feinte, la réunion de l'ancienne Chambre étant impossible, la France ne voulant pas plus de ces députés qu'elle ne voulait de la régence ; j'ajoutais que l'armée se regardait comme trompée, persuadée qu'elle était de l'autorisation accordée par S. M. le roi de Prusse de sa rentrée en France avec drapeaux, armes et bagages, mais que les généraux en chef, trop compromis pour l'y suivre, songeaient à la livrer à l'ennemi, pour se constituer prisonniers avec elle, afin de sauver leurs vies et leur fortunes.

« Le maréchal Canrobert repoussa l'accusation que je portais contre le général en chef, tout en partageant mon opinion sur l'impossibilité de la démarche tentée par le général Changarnier. — Deux jours après, le maréchal Canrobert nous réunit pour la dernière fois, et nous annonça qu'une capitulation acceptée par le général en chef nous constituait prisonniers de guerre, car le prince Frédéric-Charles ne voulait entendre parler d'aucune autre condition.

« Indigné du mépris avec lequel le prince traitait une armée qui l'avait toujours loyalement et vaillamment combattu, je demandai au maréchal à faire un appel à nos troupes pour réunir 10,000 hommes de bonne volonté et marcher à leur tête, non pas pour percer la ligne et nous sauver, mais pour marcher sur Ars, quartier général du prince, m'emparer de ses canons, et le voir fuir devant cette armée à laquelle il refusait les honneurs de la guerre.

« Le maréchal me répondit que cela n'améliorerait pas le sort de l'armée et ne ferait que l'aggraver. Toute résistance aux ordres de nos chefs étant impossible, nous dûmes nous soumettre à ces honteuses conditions acceptées par eux. — Le lendemain nous rendîmes nos armes, et le jour suivant nous livrâmes à l'ennemi nos braves soldats dignes d'un meilleur sort.

« Et nous nous constituâmes prisonniers.

« Voilà, monsieur, où vous a conduits la fourberie des chefs que nous avait donnés l'empereur.

« Mais une dernière infamie devait mettre le comble à ces honteuses menées ; le 28, à 10 heures du soir, les généraux de division recevaient la lettre confidentielle suivante :

« Général,

« Veuillez donner des ordres pour que les aigles des régiments d'in-
« fanterie de votre division soient réunies, *ce soir*, dans le logement que
« vous occupez. Demain matin, à sept heures, elles seront transportées,
« par les soins du général commandant l'artillerie, dans un fourgon fermé,
« sous l'escorte d'un officier et de maréchaux des logis d'artillerie, à l'ar-
« senal de Metz ; elles devront être enveloppées de leurs étuis, et vous

« préviendrez les chefs de corps que ces aigles SERONT BRULÉES à l'ar-
« senal. Le directeur de cet établissement les recevra et en délivrera des
« récépissés aux corps.

> « Le maréchal de France, commandant le 6ᵉ corps d'armée.
>> « Par ordre : le général chef d'état-major général,

>>> « HENRY. »

« C'était un nouveau mensonge : les aigles n'ont pas été brûlées, mais
bien livrées à l'ennemi comme le dernier trophée de notre honte.

> « Le général commandant la 2ᵉ division du 6ᵉ corps d'armée,

>> « BISSON. »

Lettre du général Coffinières de Nordeck.

Le 6 novembre, le général Coffinières de Nordeck écrivit la lettre suivante
à *l'Indépendance,* qui se contenta de lui faire observer que c'était désormais
affaire entre Bazaine et ses lieutenants :

> « Hambourg, 6 novembre 1870.

« Monsieur le directeur,

« J'ai été bien péniblement surpris, en arrivant à Hambourg, de lire
dans un journal aussi sérieux que *l'Indépendance belge,* les accusations
malveillantes et complétement erronées qui sont dirigées contre moi.

« Toutes les fois que j'ai été appelé à donner mon avis, j'ai fermement soutenu :

« Que la place de Metz devait avoir des intérêts distincts de ceux de
l'armée du Rhin, et que toute préoccupation politique devait être écartée,
pour ne songer qu'aux besoins de la défense.

« Après de longues et très-vives discussions dans lesquelles j'étais seul
de mon avis, après avoir donné deux fois ma démission, je n'ai cédé que
devant l'opinion contraire qui a prévalu dans le conseil de guerre, devant
l'épuisement complet de nos ressources alimentaires, et surtout devant
l'ordre formel du général en chef.

« Quant aux approvisionnements, il suffit, pour prouver qu'ils étaient
suffisants, de dire que la place de Metz, qui devait normalement contenir 90 à 100 mille âmes, garnison comprise, a pu alimenter près de
240 mille hommes pendant deux mois et demi.

« Je suis certain de démontrer plus tard, et jusqu'à l'évidence, que j'ai
rempli loyalement mon devoir de soldat et de citoyen ; en attendant, je
vous prie d'écarter toute insinuation perfide, et d'insérer ma lettre dans
l'un de vos prochains numéros.

« Veuillez agréer, monsieur le directeur, l'expression de mes sentiments
distingués.

> « Général COFFINIÈRES DE NORDECK. »

Les derniers jours de Metz.

Ce récit ajoute encore aux précédents :

« La vérité se fera petit à petit sur la défense de Metz par Bazaine, défense si vantée par les Prussiens qui ne peuvent pas croire qu'ils ont vaincu sans péril. Depuis le premier jour jusqu'au dernier, cette défense a été insuffisante, entachée d'impéritie, de lâcheté, et enfin de trahison. On défend une place par des actions de vigueur, et depuis le 1er septembre, Bazaine n'a pas permis autre chose que l'escarmouche de Peltre et les combats stériles de Ladonchamps.

« Jusqu'au 1er octobre, l'armée de Bazaine pouvait vaincre l'armée ennemie ; jusqu'à la fin, elle aurait pu s'ouvrir un chemin par une entreprise aventureuse et rapide. Le dernier jour enfin, c'était le devoir étroit des chefs de l'armée de détruire les fortifications, les munitions et le matériel de guerre. On savait tout cela, on savait qu'on était trahi, mais personne ne voulait s'engager dans l'aventure d'une révolution militaire ou d'un mouvement politique. •

« Le 26, les yeux commencèrent à se dessiller : ce n'était plus ni la paix, ni une convention, ni une régence dont il s'agissait, mais une vraie capitulation, une reddition complète. On était un peu animé ; les incrédules de la veille disaient : « Si j'avais su ! si on me l'avait dit ! si nous avions eu le temps ! » enfin toutes les disjonctives qui servent d'excuses à l'infortune et à l'ignorance.

« C'est au cercle de l'Hôtel du Nord, où se réunissait de préférence le parti libéral, qu'eut lieu la première manifestation contre la capitulation de Bazaine, à l'instigation d'un capitaine de carabiniers, décoré et portant la croix de Mentana. Paraissant au cercle pour la première fois, il se jette au milieu des groupes agités, composés surtout de journalistes et d'officiers de la garde nationale. « Il ne faut pas se rendre ! crie-t-il d'une voix énergique et tremblante d'émotion. Trente mille hommes se réuniront pour chercher à se faire jour ; ils périront peut-être, mais n'importe ! Les officiers prendront un fusil et feront le coup de feu. Ne fût-on que huit ou dix, j'en serai ! Il ne faut pas se rendre ! » Chacun s'émeut, les vieux joueurs de dominos se retournent pour lui serrer la main, le capitaine s'anime de plus en plus. « Moi, dit un commandant de la garde nationale, je fais battre le rappel dans mon bataillon demain à six heures ! — Pourquoi pas tout de suite ? cria le carabinier. Qu'on batte le rappel, qu'on sonne le tocsin ; aux armes, aux armes ! » Et il jette sa croix d'honneur sur la table.

« Voyant que la chose devenait sérieuse, les gens prudents peu à peu s'esquivèrent ; il y avait au cercle quatre sur cinq des chefs de bataillon de la garde nationale, on les entoura en leur demandant de marcher. L'un fit le sourd et disparut, les trois autres, pressés de choisir un chef et de donner des ordres, restaient embarrassés et irrésolus, et finirent par s'enfermer dans un salon voisin, pendant que le carabinier, arrivé au dernier terme de l'exaltation, poursuivait ses déclamations énervantes, et demandait son cheval, ses armes, son revolver ! ! !

« Le malheur fut, en cette circonstance, que celui des chefs de bataillon qui était désigné comme le *leader* du parti libéral à Metz, comme le seul capable de conduire la garde nationale, manquât et de confiance dans cette garde et d'un caractère capable de grandes résolutions. Après être restés à délibérer beaucoup plus longtemps que ne le comportait l'urgence de la situation, les trois chefs de bataillon déclarèrent qu'il n'y avait rien à faire. Sur quoi chacun s'en fut coucher.

« Le 27, je fus éveillé par un de mes plus anciens camarades, lieutenant au 76ᵉ, que j'avais vu en ville blessé, et qui avait rejoint son corps à Montigny. Il ne me dit pas d'abord pourquoi il venait, mais je le vis tout de suite, et lui demandai sur combien d'hommes de son régiment on pouvait compter pour se battre. « Trois ou quatre par compagnie. — Et les officiers ? — Les officiers à proportion, une douzaine : on pourrait peut-être former dans le régiment un peloton de 60 hommes, mais la moitié lâcheront pied à la fusillade. L'influence des officiers supérieurs démoralise tout. »

« Tu conçois, ajouta-t-il pour m'expliquer cette démoralisation étrange, qu'on a fait depuis huit jours tout ce qu'on a pu faire pour prouver à ces gens que tout est fini, qu'il n'y a plus moyen de se battre. Ceux qui marcheront se croiront sacrifiés. Tu sais l'influence des officiers supérieurs ; eh bien ! il faut l'avouer, on n'est pas fâché de se dire : « Ma foi, j'irai en Prusse, je ne courrai plus aucun danger. » L'autre jour notre colonel nous a réunis et nous a parlé de l'impératrice, de prendre patience de tout cela. On dit que cela a réussi sur la garde, mais sur nous, pas du tout : une fois dehors, nous sommes-nous dit, il ne faut pas qu'il compte sur nous pour rétablir l'empire. Alors nous n'avons parlé aux soldats ni d'empereur, ni d'impératrice, mais nous leur avons dit : Vous avez encore cinq ou six jours à souffrir, nous n'avons de vivres que pour deux jours, mais nous vous ferons vivre comme nous pourrons. Et nous l'avons fait ; mais les six jours sont passés. »

« A neuf heures, je rencontrai dans la rue le capitaine du génie de R..., attaché à la personne de Coffinières, et qui dès le début avait su juger les événements avec l'implacable netteté d'un sceptique éclairé. Je lui avais écrit le matin pour qu'il pressât Coffinières de démanteler la place avant de la rendre ; il vint à moi : « J'en ai déjà parlé, et V... aussi (le commandant V... est un ingénieur et un théoricien militaire d'une haute autorité) ; il répond qu'il faut attendre, qu'on négocie des conditions, et puis il rompt les chiens. Je lui en reparlerai. — Dites-lui bien, repris-je, qu'il nous trouvera prêts à obéir ; nous y avons déjà songé ; cela peut se faire vite, et sans aucun danger. — Je lui reparlerai, je lui répéterai ce que nous lui avons dit : chaque jour est pour nous une bataille perdue, et perdue sans pertes pour l'ennemi. Puisque nous nous rendons à discrétion, qu'avons-nous à perdre, qu'avous-nous à craindre ? Nous avons à craindre qu'on nous fusille ; et quand on nous fusillerait ! »

« On comprend facilement l'importance qu'il y avait pour la défense du pays à détruire les fortifications de la place et du camp retranché. On privait ainsi l'ennemi d'un point d'appui presque imprenable, au cœur même de la France ; on lui enlevait les arsenaux, les usines militaires de Metz, les locaux nécessaires pour loger une nombreuse garnison et concentrer les approvisionnements de son armée. Enfin l'exécution de cette entreprise était, pour les Prussiens, un petit désastre de Moscou, mais sans danger pour les habitants ni pour les propriétés particulières ; la science du mineur donne les procédés et les charges de poudre à employer dans de semblables entreprises, et montre qu'on aurait pu ruiner les forts, les écluses, l'enceinte et les bâtiments militaires, sans autre dommage que de casser quelques vitres. La ville elle-même, riche, industrieuse, ne demandant qu'à s'étendre, aurait gagné à être débarrassée de cette enceinte qui l'étouffe, gêne les communications, rejette les faubourgs à de grandes distances, et constitue un péril pour les habitants. Enfin, dans le cas d'un retour de fortune, il faut considérer que les Français seraient obligés d'assiéger la ville et de faire de nouveau souffrir aux habitants autant et plus que les Prussiens leur ont fait déjà souffrir. Malheureusement, l'homme qui aurait eu commission et autorité pour faire accepter à Coffinières cette combinaison, le défenseur et le gardien-né de la fortification de Metz, le commandant du génie de la place, ne songeait, lui non plus, à rien moins qu'aux actes désespérés.

« On ne put rien obtenir pour faire sauter les fortifications. Les commandants des forts, quoique braves et résolus, avaient témoigné la ferme résolution de s'en tenir à l'obéissance pure et simple.

« Tout ce qu'on put faire fut de signer une protestation dont le commandant Villenoisy prit l'initiative.

« A midi, le hasard me conduisit au café, où j'appris qu'il y avait dans la salle même, à une heure, une réunion d'officiers, provoquée par le général Clinchant et le colonel Boissonnet. Une soixantaine d'officiers s'y trouvèrent, presque tous du génie, quelques-uns de la garnison, et très-peu de l'armée. Le colonel Boissonnet y parut, mais le général Clinchant attendit le résultat dans la ville.

« J'ai déjà parlé du général Clinchant, ancien colonel de zouaves au Mexique ; il commandait une brigade de Mexicains, le 81e et le 95e. Il se distinguait par sa simplicité, de la bravoure, et un grand éloignement pour ce confortable luxueux avec lequel presque tous nos chefs insultaient la pénurie du soldat. Comment est-il devenu l'homme indécis qui n'a rien fait et n'a rien voulu faire ?

« Boissonnet, colonel du génie, est un esprit très-fin, bienveillant, éclairé. Dès le début, il avait jugé nos chefs, et ne s'était vengé de leur coupable négligence que par quelques plaisanteries. Enfin la capitulation lui parut une pilule trop dure à avaler. Une fois qu'il nous eut réunis autour de lui, il prit la parole : il parla de l'ignominie des conditions qu'on nous imposait, et déclara qu'il nous avait réunis afin que ceux qui ne voulaient pas subir cette honte pussent se compter et s'entendre. Pour les troupes du génie en particulier, il s'offrait à commander ceux qui voudraient partir. Il ajouta qu'on s'était adressé à plusieurs généraux, et que, jusqu'à présent, le général Clinchant acceptait seul un tel commandement, pourvu que l'on réunît 15 à 20,000 hommes. Il demanda enfin qu'on se comptât.

« C'est alors qu'on s'aperçut que les officiers présents ne représentaient même pas un vingtième de l'armée, et on décida que le lendemain matin, après avoir prévenu autant de monde que possible, on se rendrait dans un local isolé des bureaux du génie, pour y concentrer les renseignements et s'organiser.

« A l'heure convenue, on ne vit ni Clinchant, ni Boissonnet ; seulement un officier, plus convaincu sans doute que les autres, s'installa devant la table avec deux cahiers de papier blanc qu'il avait préparés dans la nuit en forme de répertoires, pour noter les effectifs, les positions, les mouvements et les chefs des troupes qui se rallieraient. A la même table se plaça un élève de l'Ecole polytechnique, avec une grande carte du camp retranché, pour y pointer la position des mêmes troupes. La besogne abondait : les officiers de la veille apportaient des renseignements ; d'autres, en foule, arrivaient de l'armée ; des colonels avaient envoyé leurs adjudants-majors. Les uns se faisaient inscrire, et promettaient un effectif ; les autres marcheraient seuls, avec un fusil ou un cheval ; beaucoup demandaient des renseignements, des explications, on leur en donnait. Vers neuf heures, l'aide-de-camp de Clinchant demanda s'il y avait du nouveau. « Rien, lui dit-on, tout s'organise, mais bien des corps ne sont pas prévenus. » Il promit qu'à une heure après-midi son général viendrait se faire rendre compte du résultat obtenu, et qu'à deux heures il verrait les officiers et leur parlerait. Vers dix heures, il y avait environ 5,600 hommes inscrits, et beaucoup d'officiers isolés ; on nous promettait, de plus, six mitrailleuses.

« A une heure, les officiers remplissaient le bureau et la cour. Clinchant ne parut pas. On continua d'inscrire, puis comme le temps pressait, on donna aux plus dévoués quelques indications de mouvements. Le temps pressait, dis-je, car nous apprenions qu'on rendait les armes. « Ce matin, quand je suis rentré au camp, nos mitrailleuses avaient été ramenées à l'arsenal. On désarme le 4e corps. On porte à l'arsenal les fusils et les drapeaux. » Ces nouvelles rendaient l'animation plus grande. « On nous a dit qu'il y avait un général, criait-on, où est-il, pour qu'il nous commande ? » Trois cents officiers peut-être étaient réunis.

« Vers deux heures, Boissonnet arrive : « Il n'y a, dit-il tout bas, plus rien à faire. — Alors nous agirons sans vous, si nous pouvons. Pourquoi nous avez-vous réunis hier ? » Les officiers se groupent, on forme un cercle ; le colonel répète en balbutiant qu'il n'y a rien à faire, qu'on rend les armes, que tout est fini. La séance devient tumultueuse, on parle d'aller à l'arsenal reprendre les drapeaux, on parle d'aller exécuter Bazaine. Tout à coup surgit au milieu de la foule le même carabinier que j'avais vu au cercle l'avant-veille, toujours aussi animé, et toujours aussi brouillon ; sa voix domine la tempête : « Le rappel ! le tocsin ! aux « armes ! aux armes ! »

« Enfin, après une délibération incohérente, un commandant d'état-major, M. Leperche, convoque pour neuf heures du soir, sur la route de Sarrebruck, ceux qui voudraient absolument partir, entreprise désespérée et aventureuse, qui n'était en somme qu'une courageuse et inutile protestation. — Telle fut la fin de notre dernière tentative pour sauver l'honneur des armes françaises.

« Je rentrai en ville en passant par la rue des Clercs, et en entrant de l'Esplanade dans cette rue, je croisai le général Clinchant. Il vint à moi : « Eh bien ! dit-il, cela n'a pas réussi. — Non, mon général, répondis-je ; ceux qui nous avaient engagés nous ont abandonnés. — Et qui donc ? — Mais, mon général, vous-même. — Moi ? Mais pas du tout, j'attendais chez le capitaine Chery. D'ailleurs il n'y avait que 4,000 hommes. — Oui, le matin, quand personne n'était prévenu, mais ce soir vous en auriez eu 20,000 ; ils étaient là trois cents officiers qui demandaient leur chef, et ce chef ne s'est pas montré. Vous n'aviez qu'à vous faire voir, l'armée vous tombait dans la main. »

« Je le quittai ; j'ai su depuis qu'il avait été sermonné le matin par Bazaine. Un autre motif certainement l'a empêché d'affronter une réunion d'officiers : c'est que certainement le général, tel que je le connais, doit redouter une assemblée publique plus qu'une volée de mitraille, et se sent beaucoup plus soldat qu'orateur ; mais il y a des moments dans la vie où il faut être orateur, quoi qu'il en coûte, et je réponds bien que le public aurait été indulgent pour l'expression.

« La ville était très-animée. La Nutte, l'immense cloche de la cathédrale, sonnait le tocsin par volées. Des gardes nationaux, l'arme au pied, formaient un cordon devant les portes de la cathédrale ; à côté d'eux, des détachements du 2ᵉ de ligne étaient censés maintenir l'ordre, mais assurément aucun n'aurait marché contre le peuple.

« Au milieu de cette même place, un groupe chantait *la Marseillaise* et brandissait un drapeau tricolore. Les hommes avaient des chassepots arrachés aux soldats qui les rendaient à l'arsenal ; le porte-drapeau avait une redingote usée et cette barbe longue et inculte qui est l'indice de la pure démocratie. Je crus reconnaître aussi à la tête du même groupe le violent carabinier qui m'avait déjà harangué deux fois.

« J'entrai, sur l'autre place, dans le baraquement du 2ᵉ de ligne, pour réclamer à un officier des cartouches qu'il m'avait promises. Les sous-officiers m'en donnèrent ; ces braves gens faisaient encore leurs apprêts pour marcher à l'ennemi : « Toi qui ne pars pas, donne donc tes cartouches, » dirent-ils à un homme malingre qui était au fond du lit de camp.

« C'est là aussi que je rencontrai, sous sa capote de caporal du génïe, triste, amaigri par la faim (car le pauvre garçon avait eu faim), M. S..., ingénieur de la maison Cail, engagé volontaire pour la guerre. Il courut à moi : « Ah! mon capitaine, mon capitaine! » Et sans pouvoir parler davantage, il me serra les mains en sanglottant. Il pleurait comme un pauvre enfant; je cherchai à le calmer un peu, et je l'envoyai mettre ses effets bourgeois, avec lesquels il était arrivé à Metz deux mois auparavant.

« Je ne sais pas ce qu'il advint du commandant Leperche et de ses compagnons. On m'a dit qu'ils étaient partis à dix heures dans la direction des lignes ennemies, au nombre de 37, presque tous officiers et armés de fusils et de revolvers. Ils avaient marché en se glissant le long des haies, et jusqu'à une heure du matin on n'entendit pas un seul coup de fusil. On en concluait qu'ils avaient réussi à passer, ce que je souhaite. Sans doute d'autres entreprises analogues ont eu lieu dans différentes directions.

« A 6 heures, des grenadiers et des zouaves de la garde étaient entrés en ville; ils firent des patrouilles toute la nuit pour maintenir l'ordre. On connaissait alors l'ordre impudent où Bazaine ose se comparer à Masséna; il y eut encore quelque agitation informe, « les convulsions de l'agonie, » me dit un observateur désintéressé.

« Le lendemain, 29, qui était un samedi, il n'y avait plus d'armée. J'aimai mieux être fugitif que prisonnier, et je partis sans attendre que les Prussiens fussent entrés dans la ville. »

Encore un mot sur la capitulation de Metz.

Dans cette enquête, le témoignage suivant est important; il émane d'une personne qui a été mêlée au drame de Metz et qui a toute autorité pour en parler : M. de Bouteiller, ancien député de la majorité au Corps législatif, et membre du Conseil municipal de Metz.

« Dans le compte-rendu très-vivant et très-sincère qu'a publié l'*Indépendance* des émouvantes péripéties qui ont précédé le lamentable événement qui s'appelle la capitulation de Metz, il est resté une lacune; permettez-moi de la remplir. Il n'y a pas été fait allusion à un fait important, celui de l'envahissement par plusieurs centaines de citoyens, quelques milliers peut-être, de l'hôtel du commandant supérieur et de la scène dramatique qui s'y passa. M. Coffinières, entouré en ce moment des chefs de corps et de service, se vit pressé par une population exaspérée de douleur et de colère, et dut subir, pendant deux heures peut-être, les reproches les plus violents, sortis de cent bouches à la fois, qui se croisaient avec des propositions héroïques, en ce moment, hélas! impossibles à réaliser. En présence de cette manifestation terrifiante dans la forme, mais trop justifiée par les circonstances, le général balbutiait quelques paroles, invoquait les convenances, le respect dû aux fonctions qu'il remplissait; mais quel moyen avait-il de désarmer la juste indignation des citoyens? Qu'avait-il en réalité le droit de répondre aux sanglantes accusations qu'on lui jetait à la face? Avait-il, oui ou non, créé le comité des approvisionnements dès l'établissement de l'état de siége, ainsi que le lui prescrivait son devoir formel? Avait-il favorisé de tous ses efforts, ou au contraire modéré l'entrée à Metz de tous les approvisionnements des campagnes voisines, au début de la guerre? Avait-il laissé ou non les boulangeries de la ville alimenter surabondamment les camps, et les réserves se prodiguer comme si elles avaient dû être inépuisables? N'avait-il pas laissé le conseil municipal dans l'ignorance absolue de la situation jusqu'au jour néfaste (13 octobre) où il était venu lui annoncer l'épuisement complet des vivres de l'armée, et le requérir de partager avec elle les provisions de la ville? N'avait-il pas encore sur la conscience d'avoir fait ce qu'il fallait pour intimider la population et amoindrir son ressort; soit lorsqu'il annonçait à jour fixe un bombardement terrible provenant d'une batterie de canons Armstrong qui, par le fait, n'a jamais existé; soit lorsqu'il faisait prévoir un autre bombardement, général cette fois, qui devait suivre le départ de l'armée; ce départ objet de tous nos vœux, sans cesse promis, et réalisé vous savez comment! La population de Metz avait donc le droit d'être sévère pour lui, elle qui, restée impassible devant tous les dangers dont on la menaçait, famine, feu et peste, ne demandait qu'une chose, tenir encore, tenir toujours, souffrir, et s'il le fallait, mourir pour la France! Oui, elle était affamée, cela est vrai, mais elle l'était surtout de sacrifice et d'héroïsme. Et dites-moi s'il n'y en avait pas, depuis plus d'un mois, à la population laborieuse et indigente, à ne pas proférer une plainte, à ne pas prononcer un mot de défaillance, quand elle se voyait en proie à de vives souffrances que chaque jour aggravait, à peine nourrie, sans sel et sans légumes, atteinte de fièvres, de variole, de dyssenterie, et frappée par une mortalité surtout impitoyable pour les petits enfants?

Non, ceux-là ne se plaignaient pas, et quand le flot de la misère, montant toujours, promettait de ne laisser subsister aucune exception, personne n'avait la pensée de se plaindre davantage. La calme et héroïque résignation de nos pauvres ouvriers n'aurait trouvé que des imitateurs.

« La garde nationale, si unie et si homogène, où le sentiment national avait rapproché toutes les opinions, de même que toutes les classes s'y trouvaient confondues, n'aspirait qu'à jouer dans la défense un rôle plus actif, que lui permettait d'espérer le départ de l'armée.

« Elle exhalait son patriotisme dans des conciliabules, elle l'affirmait dans les projets suivis d'essais d'exécution, dont le succès eût sauvé la situation alors que la situation pouvait encore être sauvée. Elle rêvait de voir substituer au maréchal Bazaine un autre chef mieux en possession de la confiance de l'armée; elle demandait le remplacement du général Coffinières par un colonel du génie, chez lequel une haute expérience s'unissait à une mâle énergie. Elle sollicitait enfin l'honneur de voir à sa tête le général Changarnier, et sous ce chef respecté, elle se sentait capable de grandes choses.

« Mais tout échoua. Menées avec loyauté, avec résolution, appuyées par de chaudes sympathies dans la partie de l'armée restée virile jusqu'au bout, toutes les démarches se brisèrent contre un respect absolu de la discipline, qui ne permit à aucun de ceux en qui on mettait son espoir de consentir à ce qu'on attendait d'eux. Laissez-moi ici défigurer un mot célèbre, pour dire à ce sujet tout ce que je pense : « O discipline militaire, « que de faiblesses on a commises en ton nom ! »

« Ce qui est certain, c'est que le général Coffinières gardera toujours le souvenir des heures d'angoisses et de justes amertumes que lui a infligées le désespoir du patriotisme messin, au son de toutes nos cloches sonnant, par le tocsin, le glas de notre agonie ! Cette voix des Messins désolés, il l'entendra encore, le jour où le conseil d'enquête sera ouvert sur la manière dont chacun a rempli son devoir. »

Lettres du général Coffinières de Nordeck. — Lettre de M. A. Rollet.

Le général Coffinières de Nordeck a cru expédient de répondre à M. de Bouteiller (1). S'il n'admettait pas comme fondés certains reproches de celui-ci, il ne ferait pas tant d'efforts pour démontrer que ces reproches ne peuvent atteindre le commandant supérieur de Metz. Le général Coffinières maintient qu'il n'est pas coupable, qu'il échappe à toute responsabilité.

A M. le directeur de *l'Indépendance belge.*

« Hambourg, 21 novembre 1870.

« Monsieur,

« Je trouve dans votre numéro du 12 courant un article relatif à la capitulation de Metz. Cet article émane d'une personne qui a été mêlée au drame et qui a toute autorité pour en parler, M. de Bouteiller, ancien député de la majorité et membre du conseil municipal de Metz. Vous auriez pu ajouter aux titres de votre correspondant celui d'ancien officier de l'armée, ce qui aurait pu faire supposer qu'il connaissait les réglements militaires.

« La loi sur le service des places de guerre est formulée dans le décret du 13 octobre 1863. Il y est dit formellement dans les articles 4, 244 et 245 que, tant qu'un général en chef est à proximité d'une place, il en a le commandement absolu ; c'est lui qui nomme ou qui suspend le commandant supérieur ; c'est lui qui doit assurer les approvisionnements ; c'est lui qui prescrit les mesures de précaution pour assurer la défense, etc. ; en un mot, c'est lui qui assume toute la responsabilité. Dans ce cas, le commandant supérieur n'a d'autre mission que de faire exécuter les ordres du général en chef, en prenant toutes les précautions com-

(1) *L'Indépendance* du 27 novembre.

patibles avec les circonstances pour l'exécution de ces diverses mesures, en ménageant le plus possible les personnes et les propriétés. Il n'agit pas lui-même, et ne devient responsable que lorsqu'il ne peut plus prendre les ordres de l'autorité supérieure. Or, l'empereur ou le maréchal Bazaine n'ont pas quitté Metz depuis ma nomination jusqu'à la reddition de la place. Donc, il est évident que je n'ai aucune responsabilité.

« Cependant quelques habitants de Metz tenaient essentiellement à prouver leur courage; d'autres cherchaient une victime expiatoire des malheurs que nous venons d'éprouver; d'autres craignaient de porter une part de responsabilité que personne ne songeait à leur imputer, et c'est contre moi qu'ils ont dirigé injustement leurs attaques.

« Il est faux que des milliers de personnes aient envahi l'hôtel de la division, qui ne peut en contenir qu'une centaine.

« Il est faux que j'aie eu à subir, pendant deux heures, les reproches les plus violents. Une ou deux personnes ont pénétré dans mon cabinet; l'une d'elles, un huissier révoqué, je crois, a parlé pendant quelques minutes, protestant de son civisme et de la nécessité de défendre la ville; il a fait allusion à des approvisionnements cachés dans les mines du fort Bellecroix, où il n'y a jamais eu un grain de blé. J'ai donné quelques explications sommaires, et c'est à cela que s'est bornée cette partie de la manifestation.

« D'après votre correspondant, les reproches sanglants qui m'étaient adressés par cent bouches à la fois, sont les suivants :

« Pourquoi n'avais-je pas créé le comité des approvisionnements, comme c'était mon devoir? A cela je réponds que ce que M. de Bouteiller prend pour un comité d'approvisionnement, n'est autre chose qu'un comité *de surveillance* des approvisionnements, et que sa mission se borne à assurer la bonne qualité et la conservation des denrées en magasin (article 260 du décret précité). D'ailleurs, ce comité ne doit se rassembler que lorsque l'ordre en est donné par le général en chef, et en raison des circonstances exceptionnelles dans lesquelles nous nous trouvions, cet ordre n'a jamais été donné. Plus tard, quand la situation a pris un certain caractère de stabilité, j'ai convoqué moi-même le conseil.

« Pourquoi n'ai-je pas favorisé de tous mes efforts, et ai-je, au contraire, modéré l'entrée à Metz de tous les approvisionnements des communes voisines? A cela je réponds que l'approvisionnement de la place était dans les attributions du commandant en chef, et que, d'après le 3e paragraphe de l'art. 245 du décret précité, c'est l'autorité civile qui est chargée d'activer les mesures nécessaires pour assurer les subsistances des habitants et la réunion des ressources que le pays peut fournir pour les besoins de la garnison et pour les travaux. Quant à l'accusation d'avoir modéré l'entrée des subsistances, elle est si étrange, qu'elle ne mérite pas de réfutation.

« Pourquoi ai-je laissé les boulangers de la ville alimenter surabondamment les camps, et les réserves se prodiguer? Ce reproche est singulièrement placé dans la bouche de M. de Bouteiller qui connaît parfaitement tous les efforts que j'ai faits pour empêcher l'envahissement des boulangeries : deux cents gendarmes sont restés à Metz dans ce but; M. le maire et les rapports de la gendarmerie et de la police peuvent attester et prouver ces faits. Quant aux réserves, je ne m'en suis occupé que pour les défendre, la correspondance officielle est là pour le prouver.

« Pourquoi ai-je laissé le conseil municipal dans l'ignorance de la situation des vivres jusqu'au 13 octobre? M. de Bouteiller a donc oublié que des affiches et des arrêtés fréquents témoignaient assez ostensiblement de l'épuisement de nos ressources; je ne pouvais cependant pas faire afficher, pour que l'ennemi le sût immédiatement, grâce à ses nombreux espions, que nous n'avions plus que pour quinze jours de vivres, et que l'armée n'en avait plus que pour sept jours. Je tenais le maire et ses adjoints parfaitement au courant de ce qui concernait l'alimentation, et la plupart des mesures relatives à cette question importante ont été prises de concert avec ces honorables magistrats. J'étais aussi en rapports fréquents avec M. Bouchotte, membre du conseil municipal et propriétaire des grands moulins de la ville, et je n'ai jamais dit à ces messieurs de faire mystère de notre situation. A défaut d'autres informations, les misères que M. de Bouteiller constate lui-même, les attaques des boulangeries, et les nombreuses affiches relatives à l'alimentation, suffisaient bien pour ouvrir les yeux des moins clairvoyants.

« Pourquoi ai-je cherché à intimider la population en lui parlant d'un bombardement à jour fixe par une batterie Armstrong, et d'une attaque si l'armée partait? Cette accusation touche au ridicule. Je n'ai jamais parlé d'un bombardement à jour fixe, et encore moins d'un bombardement par des canons Armstrong, que M. de Bouteiller devrait savoir (lui qui a été dans l'artillerie) ne pas exister dans l'armée prussienne. Je n'avais d'ailleurs pas besoin de faire savoir à cette population intelligente que si l'armée partait, Metz serait bombardée.

» Votre article dit encore que la garde nationale rêvait de voir substituer un autre général au maréchal Bazaine : j'ai en effet entendu parler de ce rêve; qu'elle demandait mon remplacement par un colonel du génie : ce fait m'était totalement inconnu ; enfin qu'elle sollicitait d'avoir à sa tête M. le général Changarnier : le fait est exact, mais il m'a toujours surpris, parce que la garde nationale était républicaine, et que le général Changarnier était un des plus chauds partisans de la régence.

« Je regrette, monsieur le directeur, d'avoir à repousser une seconde fois, dans vos colonnes, des attaques aussi injustes que mal fondées; espérons qu'un jour viendra où la justice et le bon sens reprendront le dessus sur la malveillance et la passion.

« Je vous prie d'agréer mes civilités.

« Général COFFINIÈRES DE NORDECK. »

M. le général Coffinières, assez mal inspiré en faisant intervenir dans sa lettre « un huissier révoqué, » croyait-il, s'est attiré une réponse de cet huissier, volontairement cessionnaire de son office (1).

A M. Coffinières de Nordeck, ex-commandant supérieur de la place de Metz.

« Metz, 2 décembre 1870.

« Je viens de lire, dans *l'Indépendance belge* du 27 novembre, une lettre que vous avez adressée à M. le directeur de cette feuille, en réponse à un article publié dans le numéro du 12 du même mois, article émanant de M. de Bouteiller, ancien député de la majorité, dites-vous, membre du conseil municipal de Metz, et ancien officier de l'armée. Vous auriez pu, ce me semble, vous dispenser de me faire intervenir dans un tel débat tout de famille, je veux dire tout bonapartiste ; mais puisqu'il vous a plu d'agir autrement et de parler de moi en me désignant sous le qualificatif d'huissier révoqué, sans citer mon nom, quoique vous étant parfaitement connu, pour me l'avoir demandé personnellement lors de la première visite que je vous fis, quinze jours avant la capitulation de Metz, j'use du droit de vous répondre, et de vous dire qu'en me gratifiant de la qualité d'huissier révoqué, vous avez une fois de plus manqué à la vérité…

« Veuillez lire les lignes suivantes qui mettent officiellement à néant votre accusation personnelle entachant ma dignité :

TRIBUNAL
DE METZ.
Cabinet du Président.

—

« Metz, 30 novembre 1870.

« Je certifie que M. Antoine Rollet a exercé les fonctions d'huissier près le tribunal de Metz et qu'il les a cessées PARCE QU'IL A LIBREMENT ET VOLONTAIREMENT CÉDÉ SON OFFICE.

« Le président du tribunal,

« (Signé) MOISSON. »

« Pourriez-vous, monsieur, opposer quelque témoignage aussi honorable, aussi certain, pour dissiper les très-graves et très-nombreuses accutions portées contre vous ?…

« Dans la soirée du 13 octobre, entre 9 et 10 heures, sur la Place d'Armes, vous vous êtes présenté à la garde nationale et à la population qui demandaient à la municipalité des explications sur les événements, et là vous avez juré solennellement, sur votre honneur, sur votre épée, sur votre croix, que jamais vous ne consentiriez à une capitulation, que vous défendriez Metz jusqu'à la dernière goutte de votre sang, que vous feriez

(1) *Indépendance* du 8 décembre 1870.

fusiller immédiatement celui qui parlerait de reddition ou de capitulation, et que vous vous feriez plutôt sauter la cervelle que de signer une pareille honte.

« Ce sont, monsieur, *vos paroles textuelles ;* elles étaient si graves et paraissaient si sincères de votre part, que nous les avons tous précieusement recueillies, et que tous nous en affirmons hautement la véracité.

« Sur une interpellation qui vous a été faite dans le même moment par plusieurs citoyens, vous avez ajouté : que votre commandement était tout à fait distinct de celui de Bazaine, que vous étiez pénétré de l'importance de vos devoirs, et que vous sauriez les remplir, jusqu'à la mort, en homme de cœur et d'honneur.

« Lors de la visite que je vous fis, comme délégué, le 15 octobre, ne m'avez-vous pas réitéré et affirmé à nouveau les paroles ci-dessus, me suppliant de les rapporter à la garde nationale et aux citoyens qui envahissaient la cour de votre hôtel, et d'user de mon influence auprès d'eux pour faire cesser la manifestation ?

« Et la veille de la reddition, lorsque, comme délégué encore, je vins vous sommer d'exécuter vos promesses et vos serments des 13 et 15 octobre, qu'avez-vous répondu ? Vous avez balbutié ; l'un des vôtres a traité d'inconvenantes mes paroles, et après l'avoir vigoureusement relevé, j'ai dû me retirer en protestant (1).

« Je pourrais vous citer d'autres faits, mais un jour viendra où tout sera révélé et connu.

« Vous m'avez attaqué par la calomnie, je vous réponds par des faits contre lesquels je vous défie de nouveau de rien alléguer. Entre vous et moi le public jugera.

« Votre lettre du 21 novembre ayant été publiée dans *l'Indépendance belge,* vous me permettrez bien, monsieur, de faire publier la mienne dans les colonnes du même journal, car il est indispensable que la vérité vienne démasquer le mensonge.

« Je vous salue, monsieur.

« A. ROLLET,

« Ex-maréchal des logis de la 4e batterie d'artillerie de la garde nationale de Metz. »

Le général Coffinières, très-animé à la réplique, répondit (2) :

« A M. le directeur de *l'Indépendance belge.*

« M. Rollet, de Metz, se plaint amèrement de ce que je l'ai désigné, dans une de mes lettres, sous la qualification d'ex-huissier révoqué : pour que la citation fût exacte, M. Rollet aurait dû dire, *révoqué, je crois,* ce qui est le texte de mon écrit.

(1) Voir le récit du correspondant de *l'Indépendance,* p. 22.
(2) *Indépendance* du 10 décembre 1870.

« Puisque M. Rollet produit un certificat attestant qu'il a volontairement cédé son office, je m'empresse d'avouer mes torts ; je regrette d'avoir oublié le nom de M. Rollet, ce qui m'aurait dispensé d'employer une qualification que je retire. Mon excuse est dans un renseignement erroné que m'avaient donné quelques habitants de Metz, auxquels je demandai quel était ce personnage si souvent investi du titre de délégué de la garde nationale.

« Après ce fait personnel, M. Rollet m'accable d'injures, me met au défi de comparaître devant la barre d'un tribunal ; il croit m'écraser sous le poids d'un argument irrésistible.

« Dans la nuit du 13 au 14 octobre, j'ai juré solennellement de défendre Metz, et j'ai ajouté que mon commandement était distinct de celui du général en chef ; j'ai réitéré ces affirmations à M. Rollet, délégué auprès de moi le 15 octobre, et la veille de la reddition, j'ai répondu à M. Rollet, encore délégué, en balbutiant quelques explications confuses.

« M. Rollet me défie de lui répondre : la chose est cependant bien facile.

« Le 10 octobre, le maréchal croyait que l'armée allait partir, et il prit ses mesures en conséquence.

« De mon côté, je réservai la séparation des intérêts de la ville et de l'armée, je constituai mes conseils, je fis des perquisitions de vivres dans les maisons particulières, je demandai et j'obtins la constitution de la garnison, et fier de la haute mission qui m'était confiée, j'affirmai hautement, même sur la place publique, que j'étais fermement résolu à remplir mon devoir.

« Le 25 octobre, lorsque nos négociateurs furent pris dans les filets de la diplomatie et que toutes nos ressources furent épuisées, le maréchal et le conseil de guerre de l'armée m'imposèrent l'obligation de confondre leurs intérêts avec ceux de la place. Je demandai un ordre écrit, et je dus obéir. La situation se trouva donc radicalement changée.

« Voilà l'explication bien simple de cette abominable duplicité qu'on me reproche.

« M. Rollet aurait sans doute voulu que je me misse en état de révolte contre le conseil de guerre et contre le général en chef. J'avoue que ces manières ne sont pas dans mon caractère, et que je ne comprends pas un militaire qui refuse d'obtempérer à un ordre écrit du supérieur qui commande le règlement à la main. Ajoutons que, dans ce moment désespéré, cet acte de rébellion n'aurait amené aucun résultat utile, puisque les vivres de la place étaient épuisés.

« Veuillez agréer mes salutations,

« Général COFFINIÈRES DE NORDECK. »

5

Le maréchal Bazaine jugé par le général Changarnier.

Ce témoignage a paru d'abord dans une lettre adressée de Bruxelles au *Daily Telegraph*, par un de ses correspondants. Dans son journal *le Drapeau*, publié à Bruxelles, M. Granier de Cassagnac essaya de l'infirmer : « Des informations directes, prises par nous aux sources les plus sûres, disait-il, résulte non-seulement que M. le général Changarnier n'a point exprimé sur les opérations de l'armée de Metz et sur M. le maréchal Bazaine les opinions qu'on lui attribue, mais nous déclarons, sans crainte d'être démentis, qu'il n'a rien dit du tout au correspondant du *Daily Telegraph*, par l'excellente raison qu'il ne l'a même pas vu. »

L'Indépendance belge releva cette imprudente et impudente contradiction (1) : « Qui ne croirait, dit-elle, en lisant cet appel à « la pure vérité, » cette affirmation de « renseignements pris aux sources les plus sûres, » que le démenti est fondé ? Il semble presque que M. Granier de Cassagnac ait reçu mission de M. le général Changarnier de protester en son nom contre l'opinion qui lui a été attribuée par le *Daily Telegraph*.

« Eh bien ! nous affirmons, nous, d'après des sources « beaucoup plus sûres » que celles auxquelles a puisé *le Drapeau*, que « le jugement porté par l'illustre général sur les opérations de l'armée de Metz, ainsi que sur son chef, M. le maréchal Bazaine, » est bien celui rapporté par le *Daily Telegraph*. Nous ignorons si M. le général Changarnier a vu ou n'a pas vu le correspondant de ce journal ; c'est là un point fort secondaire ; mais que ce corrrespondant ait écrit ce qu'il avait entendu lui-même ou ce qui lui a été simplement raconté, son récit n'en est pas moins exact. Il n'est personne, parmi tous ceux qui ont eu l'honneur de s'entretenir des événements de la guerre avec M. le général Changarnier, depuis son arrivée à Bruxelles, qui ne soit en mesure de l'attester. »

« Bazaine était incapable de commander une si grande armée. Le grand nombre l'a complétement ébahi. Il ne savait point mettre en mouvement ses hommes, il ne savait point opérer avec ses forces. Il n'a point de jugement, point de clairvoyance. Et puis Bazaine est un égoïste, il songe à lui, à sa gloire (la belle gloire !) et non à l'honneur de son pays. Bazaine croyait tout le temps que la paix allait être proclamée, que Paris ne tiendrait jamais, que la guerre allait tomber à plat, et que sa réputation militaire resterait intacte. Ensuite Bazaine espérait que, la paix une fois conclue, il pourrait sortir de Metz avec 150,000 hommes, la fleur de l'armée française, et qu'il pourrait faire accroire à l'opinion publique qu'il était un héros, parce qu'il ne se serait point rendu et aurait tenu Metz envers et contre tous. Et puis voyez cette autre preuve de son incapacité ! Après que Bazaine a été poussé dans Metz le 19 août, il aurait pu s'esquiver ou sortir crânement avec toute son armée pendant les derniers treize jours du mois d'août, pendant les trente jours de septembre et la première quinzaine d'octobre. Cela est d'une certitude absolue.

(1) N° du 1er décembre 1870.

Tout militaire de bon sens vous dira la même chose. Jugez-en vous même. Il a eu cinquante-huit jours, dans la plus forte des forteresses, pour faire sa sortie avec 150,000 hommes de nos soldats les plus braves et les plus expérimentés.

« Pourquoi Bazaine n'aurait-il point pu sortir avec de pareils soldats, avec une bonne artillerie, une bonne cavalerie, la meilleure infanterie du monde, et tout l'approvisionnement qu'une armée pouvait désirer? Je vous l'ai dit, Bazaine est un égoïste; il voulait être un héros, et en pensant à la paix qui allait se faire, croyait-il, il se disait : Le monde dira que j'ai tenu à Metz, alors que la France livrait ses forteresses, les unes après les autres, entre les mains de ses ennemis.

« Après cela, dans les derniers dix jours de l'investissement de Metz, toute sortie, toute tentative d'échapper ou de faire une attaque, était devenue impossible. »

« Le correspondant ayant demandé la raison de cette impossibilité, Changarnier lui répond : « Parce que nous n'avions plus d'artillerie, ni de cavalerie, et seulement 60,000 hommes d'infanterie; que pouvaient-ils faire contre trois corps de l'armée prussienne? »

« Quel était le chiffre exact des troupes lors de la reddition de Metz?» demande le correspondant.

« Changarnier répond : « Nous n'avions à Metz que 135,000 soldats. De ces soldats, 25,000 étaient blessés ou autrement incapables, 10,000 étaient malades, la cavalerie et l'artillerie sans utilité, puisque nous n'avions plus de chevaux...

«... Mais, comme je vous l'ai dit, Bazaine avait eu cinquante-huit jours pendant lesquels il pouvait mettre son armée en campagne et sauver la France. Quel malheur ! (Et ici le général se montra fortement ému.) Regardez les sorties de Bazaine ! Il n'a jamais fait un effort sérieux pour se dégager. Jamais ! Chaque sortie n'était qu'un simulacre de sortie. C'était pour sauver les apparences et pour rien d'autre. Il y avait encore quatre officiers supérieurs qui avec Bazaine opinaient pour l'inaction. J'ai vu toutes les manœuvres militaires : ce n'étaient que des simulacres. Bazaine et ses amis n'ont pas agi en soldats; ils n'avaient en vue que leur avenir personnel.

« Les sorties ont toujours été faites avec des forces restreintes, et évidemment sans idée arrêtée de les faire réussir, bien qu'elles fussent fièrement exécutées, comme l'histoire le dira à l'honneur des soldats français. Les combats étaient de pures manifestations d'héroïsme, mais en même temps des massacres inutiles. Laissez-moi dire davantage sur le compte de Bazaine. Il ne fut point présent à la bataille du 18 août, il fut loin du champ de bataille. J'y étais et j'ai passé la nuit sous l'arbre historique qui pourra prendre le nom de l'arbre des morts. Dans le combat du 18, il y avait 300,000 Prussiens contre 150,000 Français. Ah ! ah ! Bazaine n'y était pas; il était sain et sauf à Metz ! »

Lettre d'un colonel d'état-major sur la capitulation de Metz.

Cette lettre émane d'un colonel d'état-major prisonnier de Metz, grand seigneur, membre d'une des familles historiques connues sous le nom des *Quatre grands chevaux de Lorraine*, ancien ami des Tuileries, et qui a occupé la haute position d'attaché militaire à l'ambassade française, près une grande puissance du Nord. Cet officier supérieur doit publier le journal complet du siége de Metz, et cette œuvre sera signée de son nom :

« Hambourg, 27 novembre 1870.

« Votre lettre du 4 novembre m'arrive à l'instant, et vous voyez que je ne perds pas de temps de mon côté à vous écrire, à vous remercier de votre bon intérêt et à vous dire que je vais aussi bien qu'on peut aller dans la triste situation où l'incapacité et la trahison ont jeté notre malheureux pays. En présence de semblables infortunes, la nôtre disparaîtrait presque, si elle ne devait pas avoir pour conséquence l'extension de l'envahissement et, par suite, l'aggravation du mal pour cette France déjà si terriblement atteinte. Vous vous rappelez-vous ma ou mes lettres de Metz, ce que je vous y disais de ce qui se passait alors et ce que je prévoyais déjà en face des imbécillités et des faiblesses dont j'avais le triste spectacle ? Mais, hélas ! il y avait une chose que je n'avais pas prévue et que la Providence réservait comme dernier châtiment de notre orgueil et de notre décrépitude morale, c'était la trahison ! Eh bien ! cette douleur-là ne nous a même pas été épargnée et nous avons assisté au honteux spectacle d'un maréchal de France voulant faire de sa honte le marchepied de sa grandeur, de notre infamie la base de sa dictature, livrant ses soldats sans armes, comme un troupeau qu'on mène à l'abattoir et qu'on remet au boucher, donnant ses armes, ses canons, ses drapeaux, pour sauver sa caisse et son argenterie, oubliant à la fois tous ses devoirs d'homme, de général, de Français, et se sauvant furtivement au petit jour pour échapper aux insultes qui l'attendaient ou peut-être à la fureur qui l'aurait frappé !... Voilà ce que j'ai vu pendant deux longs mois, voilà ce que j'ai écrit du reste, ce que j'ai dit bien haut, à tel point qu'il m'a menacé de me faire arrêter, ainsi que mon ami S...; mais il n'en a même pas eu le courage, il m'a refusé cette satisfaction !... Nous avons assisté à une trame ourdie de longue main, dont les fils ont été aussi multiples que les motifs, et cet homme a obéi à des pensées si diverses, qu'on en est à se demander aujourd'hui s'il n'était pas tombé dans cette imbécillité qui semblait être devenue l'apanage de cette honteuse dynastie et de ses créatures. Il a d'abord trahi l'empereur pour rester seul et se faire gloire à lui-même; puis il a manqué à ses devoirs de soldat, en ne voulant pas aller au secours de l'armée qui marchait sur Sedan, par haine de Mac-Mahon, et pour ne pas servir à un accroissement d'illustration pour celui qu'il appelait son rival. La catastrophe arrive, le trône est renversé, et il allait se rallier à la République, quand Trochu apparaît avec la grande position que la situation lui avait faite; il ne voit plus pour lui la première place, celle qui peut seule lui assurer les gros traitements dont il s'est habitué à jouir, et il trahit alors la République et la France, pour chercher je ne sais quelle combinaison politique qui fera de lui le dictateur du pays, sous la protection des baïonnettes prussiennes ; cette combinaison lui échappe, et il se retourne alors vers la pensée impie d'une restauration impériale qui conviendrait à la Prusse et lui assurerait toujours ce premier rôle auquel il aspire, sans souci de son honneur pas plus que de celui de son armée. Mais l'ennemi ne veut plus rien entendre, car il le sait actuellement sans ressources, et il n'a pas même alors le courage de nous faire tuer ; il préfère nous déshonorer et noyer sa honte dans celle de son armée. Voilà ce qu'a fait cet homme ; quelle leçon pour les popularités mal acquises, quel réveil pour ceux qui ont pu croire un instant aux hommes de cette triste époque !... Bien des esprits sagaces ont deviné le mal au début, bien des braves cœurs ont voulu le prévenir, et je vous dirai que ce sera pour moi un honneur d'avoir été un des auteurs de la conspiration qui se formait, aux premiers jours d'octobre, pour forcer Bazaine à marcher, ou le déposer : les généraux Aymard, Courcy, Clinchant, Péchot, les colonels Boissonnet, Lewald, Davoust d'Auerstadt, nous voulions à toute force sortir de l'impasse vers laquelle on nous précipitait et que les autres ne voyaient pas ou ne voulaient pas voir... Mais il nous fallait un chef, un général de division, dont le nom et l'ancienneté eussent pu rallier l'armée dont nous aurions arrêté les chefs.

« Eh bien ! pas un n'a voulu prendre cette responsabilité, pas un n'a eu le cœur de se mettre en avant pour sauver du même coup et l'armée et la France. Ah ! ils sont bien coupables aussi ces généraux et ces maréchaux, et ils auront des comptes sévères à rendre devant l'histoire et peut-être devant les tribunaux ; car, voyez-vous, de pareilles infamies rendent féroce, et j'en suis arrivé aujourd'hui à demander du sang pour y laver l'injure que l'on m'a faite ! Je ne sais pas si mon caractère a changé, mais ce qu'il y a de certain, c'est que mes idées sont singulièrement modifiées. D'abord le nom seul de Napoléon me fait horreur, et il ne me reste du souvenir de cette dynastie que l'affection que je portais à la femme qui, elle du moins, s'est conduite avec cœur et honneur jusqu'à ces derniers jours. Je me jetterais aujourd'hui dans les bras des Rochefort, des Flourens, des Dorian, n'importe qui, — pourvu qu'il me donnât un fusil et qu'il pût me dire : Frappez ! frappez ! vengez-vous ! Aujourd'hui j'en suis arrivé presque à comprendre les massacres de 92, les horreurs de la Révolution, et j'ai regretté hautement à Metz de ne pas voir arriver ces anciens commissaires de la Convention aux armées, qui faisaient tomber les têtes des généraux et ne leur laissaient d'autre alternative que de vaincre ou de mourir !... Faut-il que j'aie passé par d'assez horribles épreuves pour en arriver là ! Le pensez-vous, vous qui m'avez si bien connaître dans des temps meilleurs et déjà si loin ?

« Mais je ne parle que de moi ! Pardon ! c'est que je suis dans une telle exaspération, je gémis tellement chaque jour de la position que cet infâme nous a faite, qu'il m'est impossible de m'en distraire absolument... »

Pétition au maire de Metz, remise au maréchal Bazaine.

Cette pièce importante n'a été publiée que récemment.

L'inaction complète de l'armée, qui suivit la démonstration sans résultat des 31 août et 1er septembre, avait répandu la défiance et l'inquiétude dans la population civile de Metz. Ces sentiments se traduisirent dans une pétition au maire, couverte de milliers de signatures, qui fut remise par le chef de la municipalité au maréchal Bazaine qui en avait eu déjà connaissance par la rumeur publique.

Il est à remarquer que les principales sorties tentées par les troupes sont postérieures à cette manifestation.

PÉTITION.

« Metz, 27 septembre 1870.

« Monsieur le maire,

« Nous avons accueilli avec gratitude l'expression de patriotique confiance que vous mettez en nous : c'est pour y répondre que nous oserons aujourd'hui appeler votre attention sur la situation de notre ville. Il vous sera permis à vous, le représentant naturel et respecté d'une vieille cité qui veut rester française, de faire, à cette occasion, telle démarche que vous jugerez nécessaire, et de parler avec la simplicité et la franchise que commandent les circonstances.

« Il ne nous appartient pas de rappeler tout ce qu'a fait notre ville depuis le début de la guerre. Ce n'est point d'ailleurs pour marchander son concours que nous le rappellerions ici. Nous avons confiance que son patriotisme croîtra en raison même des épreuves qui peuvent nous attendre encore. Mais il est des difficultés qu'il est bon de prévoir, puisque le temps ne fait que les accuser, et que, dans une certaine mesure, nous pensons qu'on peut y pourvoir. Nous croyons que l'armée rassemblée sous nos murs est capable de grandes choses, mais nous croyons aussi qu'il est temps qu'elle les fasse. Chaque jour qui s'écoule amènera pour elle et pour nous des difficultés nouvelles.

« Faute de nourriture, nos chevaux, réduits à l'impuissance, paralyseront peu à peu ses mouvements et disparaîtront bientôt. Le froid, la pluie peuvent aussi revenir entraver toute opération et amener un cortège de maladies plus redoutables peut-être que les blessures. Avec le temps aussi et malgré la plus sage réglementation de nos vivres, la faim, mauvaise conseillère, peut égarer les esprits peu éclairés dans la ville et dans les camps, et amener des conflits terribles qu'un patriotisme supérieur a seul pouvoir de conjurer.

« Nous croyons donc qu'il est temps d'agir, parce que l'insuccès lui-même vaut mieux que l'inaction ; parce que tous les moments sont comptés ; parce que, sans pouvoir discuter ni même indiquer des opérations militaires, le simple bon sens nous montre clairement que des entreprises énergiquement et rapidement conduites avec l'ensemble des forces dont on dispose, peuvent amener des résultats considérables, peut-être décisifs. Laisserons-nous venir le jour où, pour avoir fermé les yeux, il faudra reconnaître que les retards nous ont été funestes?

« Certes, toute tentative est périlleuse, mais avec le temps le péril sera-t-il moindre? Quels secours attendons-nous d'ailleurs?

« Est-ce la question politique qui se mêle à tort à la question militaire et qui commande ces lenteurs? Dira-t-on que c'est à Paris que notre sort doit se décider?

« Vous ne le penserez pas, monsieur le maire, et avec toute l'énergie que vous donne une autorité que vous tenez de tous, vous direz comme nous que c'est à Metz, avec les ressources existant à Metz et sous Metz, que se régleront les destinées de notre ville. Pour celles de la France, il ne nous appartient pas, il n'appartient à personne, ni à un parti, ni à un homme, de les régler dans le secret. C'est au grand jour, et pacifiquement, que le scrutin auquel nous avons été conviés pourra seul en décider. D'ici là, quelle plus noble ambition que celle de sauver notre pays, de prêter la main aux luttes grandioses que soutient notre capitale, et d'imiter l'héroïsme de Strasbourg! Nous avons confiance que toute démarche tentée par vous répondra à des conseils déjà formés dans le silence, et que, s'inspirant de la grandeur d'une situation peut-être unique dans l'histoire, le commandement aura cette autorité et cette décision qui s'imposent et qui produisent des victoires.

« Qu'on pardonne donc, s'il en est besoin, à la franchise de notre langage.

« Il n'y a dans notre pensée ni désir mal placé d'ingérence ni récrimination.

« Il n'y pas surtout le dessein de froisser aucun des sentiments qui méritent le respect, et qui en ce moment doivent nous rapprocher tous. C'est parce que nous voulons que l'armée et la population soient entièrement unies, c'est parce que nous croyons que cette union peut amener de grandes choses, que nous vous adressons cet appel.

« Il nous a semblé que nous avions le devoir d'élever notre voix, parce qu'elle vous apporte dans sa sincérité le reflet des passions qui agitent notre population, celle de notre responsabilité et d'un patriotisme résolu à tous les sacrifices. Si dures que soient les exigences de la situation, vous savez bien, monsieur le maire, que notre ville les supportera, et vous avez le droit de le dire, puisqu'elle ne veut pas être la rançon de la paix, et que, après le long passé d'honneur qu'elle trouve dans ses annales, elle ne veut pas déchoir. »

———

Protestation des officiers du 41e de ligne contre la capitulation (1).

A M. le rédacteur de *l'Indépendance belge.*

« Hambourg, 25 novembre 1870.

« Monsieur le rédacteur,

« La capitulation de Metz, aussitôt qu'elle a été connue de l'armée de Bazaine, a été pour tous ceux qui en faisaient partie un bien cruel affront. Sans faire de commentaires, je puis vous assurer que tous nous avons protesté contre cet acte honteux, auquel nous étions loin de nous attendre.

« Le 41e de ligne en particulier, commandé par M. le colonel Saussier, actuellement prisonnier de guerre et détenu à la citadelle de Grandenz, pour n'avoir pas acquiescé aux conditions de la capitulation et s'être refusé de signer qu'il se considérait comme prisonnier sur parole, ainsi que tous les officiers de son régiment, dès que des bruits de capitulation ont circulé, ont adressé au maréchal Le Bœuf, commandant le 3e corps d'armée, sous les ordres duquel ils se trouvaient, la protestation ci-après, dont je vous envoie le texte même, en vous priant de vouloir bien lui donner accès dans les colonnes de votre journal bien sympathique :

« Queuleu, 28 octobre 1870.

« Au maréchal Le Bœuf, commandant le 3e corps d'armée,
« à Saint-Julien.

« Les officiers soussignés du 41e régiment de ligne, quoique n'ayant
« pas encore reçu la communication officielle d'une capitulation sans con-
« ditions, croient néanmoins devoir considérer comme vrai cet immense
« désastre. Ils se font un devoir de protester de la façon la plus solennelle
« contre la reddition entière d'une armée qui n'a pas encore été battue
« par l'ennemi; ils vous prient de vouloir bien être assuré de leur con-
« cours, et si vous voulez bien faire un appel à leur dévouement pour un
« acte énergique, ils se déclarent tous prêts à combattre.

« Suivent les signatures du colonel Saussier et de quarante-deux autres officiers de son régiment. »

« Veuillez bien agréer, monsieur le rédacteur, l'assurance de ma con-sidération et de mon dévouement.

« MEYER,

« Lieutenant au 41e de ligne, prisonnier
de guerre à Hambourg. »

(1) *Indépendance* du 27 novembre.

Il résulte d'une réclamation signée de deux officiers du 1ᵉʳ régiment de grenadiers de la garde, publiée dans les journaux de Tours, que comme les zouaves, et avant eux, ce régiment a refusé d'entrer en armes dans Metz pour maintenir la population indignée, et aussi que, comme les zouaves, les grenadiers du 1ᵉʳ régiment de la garde ont refusé de livrer leur drapeau, dont ils se sont partagé les lambeaux.

— Durant la première occupation d'Orléans par les Bavarois, le général von der Tann requit de la municipalité quatre chevaux pour conduire la maréchale Bazaine, qui devait, disait-il, aller de Tours à Versailles par Orléans. Des ordres avaient été donnés à tous les avant-postes pour faire une réception toute particulière à la maréchale. Le général von der Tann fit même, à cette occasion, une singulière proposition au conseil municipal d'Orléans, qu'il voyait très-préoccupé de la situation affreuse où l'excès des réquisitions avait mis la ville : « Faites une réclamation au roi de Prusse, dit le général au maire, et la maréchale Bazaine se chargera de la porter et de la recommander à Versailles. » Le conseil municipal rejeta à l'unanimité la proposition.

(*Gazette de France*.)

Bibliographie.

Nous donnons, pour terminer, la liste des écrits déjà parus sur le siége et la capitulation de Metz :

L'Homme de Metz (suite de *l'Homme de Sedan*), par le comte Alfred de la Guéronnière; Bruxelles, Office de publicité, 1870; in-8º de 80 p.

L'Homme de Metz, par Albert Alexandre, directeur du journal *la Vérité*; Bruxelles, Office de publicité, 1870; in-8º de 80 p.

Ces deux écrits sont d'une assez mince valeur historique, mais, paraissant au lendemain de la capitulation, ils ont eu l'un et l'autre du succès, et ont soulagé la conscience publique.

L'Acte d'accusation de Bazaine, par MM. H. Nazet et E.-A. Spoll; Bruxelles, imprimerie Ad. Mertens, 1870; in-8º de 14 p.

Les deux auteurs étaient dans Metz, comme *reporters* du journal *le Gaulois*.

Blocus et capitulation de Metz, par MM. H. Nazet et E.-A. Spoll; Bruxelles, Office de publicité, 1870; in-8º de 80 p.

La Capitulation de Metz devant l'histoire; Bruxelles, A. Rozez fils, 1870; in-8º de 55 p.

Nous avons cité plusieurs fois cet écrit d'un officier supérieur de l'armée française; il avait paru dans *l'Indépendance belge*, avant d'être publié en brochure.

Quel est votre nom? N ou M ? Une étrange histoire dévoilée; Bruxelles, Office de publicité, 1870; in-8° de 72 p., avec un portrait de l'auteur, et deux fac-simile d'autographes de M. de Bismarck et du fils de Napoléon III.

C'est le récit des pérégrinations de ce monsieur Regnier, intermédiaire étrange et bénévole entre M. de Bismarck, Bazaine, l'ex-impératrice et l'hôte de Wilhelmshœbe, qui avait entrepris de conclure la paix par la restauration de l'empire à l'aide de l'armée de Metz et de celle de Sedan. A cette intrigue se rattache la sortie de Metz du général Bourbaki. Nous devons à M. Regnier de savoir à quoi Bazaine occupait ses loisirs au Ban-Saint-Martin : il jouait au billard.

Rapport sommaire sur les opérations de l'armée du Rhin, du 13 *août au* 29 *octobre* 1870, par le commandant en chef maréchal Bazaine, avec une carte; Berlin, Léonhard Simion; Bruxelles, C. Muquardt; 1870 ; in-8° de 28 p.

Justification d'une modestie de forme qui est la perfection même de l'hypocrisie. Bazaine prétend que l'armée est restée sous Metz pour donner le temps à la France d'organiser la résistance, et que sans la présence de l'armée, Metz n'aurait pas tenu plus de quinze jours. Ses sorties insignifiantes du mois de septembre sont une suite d'opérations destinées à forcer l'ennemi à maintenir un gros effectif devant Metz, partant à retarder l'investissement de Paris.

A l'en croire, il aurait tenté à diverses reprises, mais inutilement, de se mettre en rapport avec le gouvernement de la défense.

L'envoi du général Boyer à Versailles fut décidé le 10 octobre, dans un conseil de guerre composé des maréchaux Bazaine, Canrobert, Lebœuf; des généraux Frossard, Ladmirault, Desvaux, Soleille, Coffinières de Nordeck, et de l'intendant Lebrun.

Dans une nouvelle conférence, le 18 octobre, le général Boyer rendit compte des conditions exigées pour que l'armée sous Metz sortît avec armes et bagages. Bazaine se garde de faire connaître ces conditions, d'ailleurs subordonnées à une *question politique.* A la majorité de 7 voix contre 2, le général Boyer fut renvoyé à Versailles, pour de là se rendre en Angleterre, dans l'espoir d'une intervention efficace de *l'Impératrice régente.*

On ne sait que trop le reste.

La trahison du maréchal Bazaine antérieure à la capitulation de Metz, par un officier d'état-major attaché à l'armée du Rhin; Bruxelles, imp. Briard, 1871 ; in-8° de 32 p.

L'auteur démontre que la connivence de Bazaine avec les Prussiens s'est manifestée, non pas à partir du blocus de Metz, mais dès son entrée en campagne. Toutes ses actions de guerre, sans exception, décèlent le traître, depuis le 25 juillet, où il quitta Metz avec le 3ᵉ corps, jusqu'au 12 août, où il fut investi du commandement en chef de l'armée du Rhin.

Coup d'œil sur le rapport sommaire du maréchal Bazaine sur les opérations de l'armée du Rhin, par un officier prisonnier de guerre ; Bruxelles, Office de publicité, 1870 ; in-8º.

Nos désastres en 1870. — Justice à qui de droit, par un prisonnier de guerre ; Bruxelles, chez tous les libraires, 1870 ; in-8º.

Exposition des incroyables *fautes* militaires du général Bazaine, et démonstration de l'incapacité des favoris et des courtisans de Napoléon III. L'auteur ne réclame pour les criminels que le mépris public ; mais pour les individus en qui le sens moral est oblitéré, le mépris public n'est pas un châtiment.

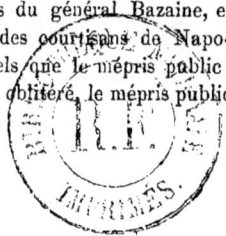

FIN.

TABLE

—

www.ingramcontent.com/pod-product-compliance
Lightning Source LLC
LaVergne TN
LVHW020949090426
835512LV00009B/1786